英語学習は早いほど良いのか

バトラー後藤裕子
Yuko Goto Butler

岩波新書
1559

はじめに

アメリカに駐在員としてしばらく滞在していた友人が言った。「僕は何年いても日本人英語丸出し。でも、小学生の息子は一年もたったころには、まったくネイティブのように話してましたよ。」

筆者の弟家族も台湾に駐在していたことがある。日本を離れた当時、姪はまだ日本語の単語が一〇語言えるか言えないか程度であった。弟が台湾に駐在して一年ほどして、「中国語は本当に大変。だけど娘は発音も正確で、中国人の先生ともまったく問題なく話すようになった」と目を細めていたのを思い出す。

子どもの外国語習得に関する武勇談は、あちこちに転がっている。難しい発音もややこしい文法ももののともせず、やすやすと外国語をマスターしてしまったというエピソードをいたるところで耳にする。英語を習うには早ければ早いにこしたことがないと、ネイティブ・スピーカーの先生から学べる英会話スクールに子どもを通わせることにしたお父さん、お母さんも読者の中にはいるに違いない。

日本では、小学校での英語教育が人々の大きな関心事の一つだ。世界各国では、公教育における英語教育の開始年齢はどんどん下がりつつある。東アジアでは、子どもの長期留学はもはや一部の特権階級の専売特許ではなくなりつつある。韓国では、政府の「慎重に」との助言にもかかわらず、小学生の海外留学の人気はなかなか衰えず、社会問題にまで発展している。中国では、「妊娠したら、すぐに英会話の勉強を始めよう」という英語教材の広告を見たこともある。ここで英語を勉強するのは、母親なのだろうか、それとも胎児なのだろうか。

韓国、中国、台湾などでは、日本より一足早く小学校で英語教育を始めた。これらの国では、英語学習は英語フィーバーとも称される過熱ぶりである。その影響は、低年齢の子どもたちの生活をどんどん侵食しつつある。

でも、本当に子どもは言語習得の天才なのだろうか。子どものころから語学学習を始めれば、ネイティブ・スピーカーのように話せるようになるのだろうか。本書では、言語習得と年齢との関係について、いったい何がわかっていて、何がわかっていないかを探ってみようと思う。

実はこの問題は、簡単そうでたいへん複雑な問題なのである。この本では、わかっていることをただ羅列するのではなく、なぜこの問題を解明することが難しいことなのか、どのような課題に研究者が直面しているのかを、読者と一緒にたどっていくことをめざす。知識の断片なら、昨今、インターネットの検索でいくらでも収集できる。しかし、科学的思考の道筋をたどることは、断片的な情報を収集するのとは違う思考力を必要とする。問題の探究は試行錯誤の連続であり、その過程を理解することが問題の本質を理解する第一歩である。

早期外国語学習への関心は、ある一定の年齢までに言語習得を行っておかないといけないという考えと密接に関係している。これは「言語習得の臨界期仮説」などとも呼ばれる。

第1章では、臨界期という考えはそもそもどこから来たのか、そういった期間は本当にあるのかを探っていく。

第2章では、母語(第一言語)の習得と年齢との関係を考える。母語習得と年齢との関係を知る手がかりの一つは、さまざまな理由で、不幸にも言語習得の機会を奪われた子どもたちの事例である。

第3章では、第二言語の習得について考えていく。ここでいう第二言語習得とは、移民の言語習得に代表されるように、習得対象となる言語(第二言語)が主に使用されている環境の中で、その言語を学ぶ場合である。多くの場合、大量のインプット(言語刺激)が得られ、その言語をマスターすることが生活に直結している。

臨界期の存在を証明するデータとして、習得開始年齢が遅くなればなるほど習得の度合いが低くなるという関係がしばしば提示される。しかし、その右下がりの線の裏には、重要な因子がいくつも隠されている。第4章では、従来のアプローチの問題点と研究者のジレンマをつきつめていく。

第5章では一転して、臨界期を過ぎてから第二言語学習を始めたにもかかわらず、ネイティブ・スピーカーなみの熟達度を身につけたと考えられる達人たちの事例を検証する。彼らの言語学習体験から、私たちは何を学べるのだろうか。

第6章では、いよいよ日本で英語を学ぶような場合(外国語環境)での、言語習得と年齢との関係をみていく。外国語環境では、第二言語環境のように大量のインプットを得られるわけではなく、ネイティブ・スピーカーに囲まれて生活しているわけでもない。このような状況では、どのような要素が言語習得の鍵になるだろうか。

最後に第7章では、これまでの結果を総合して、日本での早期英語教育について考える。東アジア諸国が直面する課題なども参考にしながら、日本での英語教育の条件を考えていきたい。

では、言語習得と年齢の関係を探る旅を始めることにしよう。

目　次

目　次

第1章

逃がしたらもう終わり？

——臨界期仮説を考える

早期英語教育への関心とその低年齢化の背景には、「言語学習の開始は、早ければ早い方が良い」という前提がある。そして、その理論的根拠としてよく引き合いに出されるのが、「臨界期」という概念である。しかし、そもそも言語習得の臨界期とは何なのだろうか。

1 臨界期仮説のはじまり

動物の刷り込み現象

臨界期という概念は、もともと動物行動学からきている。臨界期をもつ行動の例としてよく知られているのは、一部の動物にみられる「刷り込み現象」といわれる行動だ。

動物学者ローレンツは、ハイイロガンの雛が、孵《かえ》ってから初めて目にする動体についていく習性に気づいた。これは、雛が生き延びるために重要な生得の習性であると考えられる。ふつう、雛が生まれて初めて目にするのは、母親である。母親にくっついて、その庇護を受けることで、赤ちゃんは生存できる確率が増す。

このように、特定の行動が特定の対象に結びつけられ、その後の社会行動に影響を与えることを、ローレンツは刷り込み現象と呼んだ。刷り込み現象は、ハイイロガンだけでなく、他の鳥や昆虫、哺乳類の一部でも知られている。刷り込みが起こるための刺激は、その種ごと、行動ごとに異なっている。

刷り込み現象で重要なことは、それが発達の一定の時期に限って起こる点である。図1・1は、ヘスという動物行動学者が、子ガモの刷り込み現象と生後の時間との関係を調べた結果である。子ガモの刷り込み現象は、生後一六時間ごろにピークを迎え、その後、比較的急速に落ちていることがわかる。

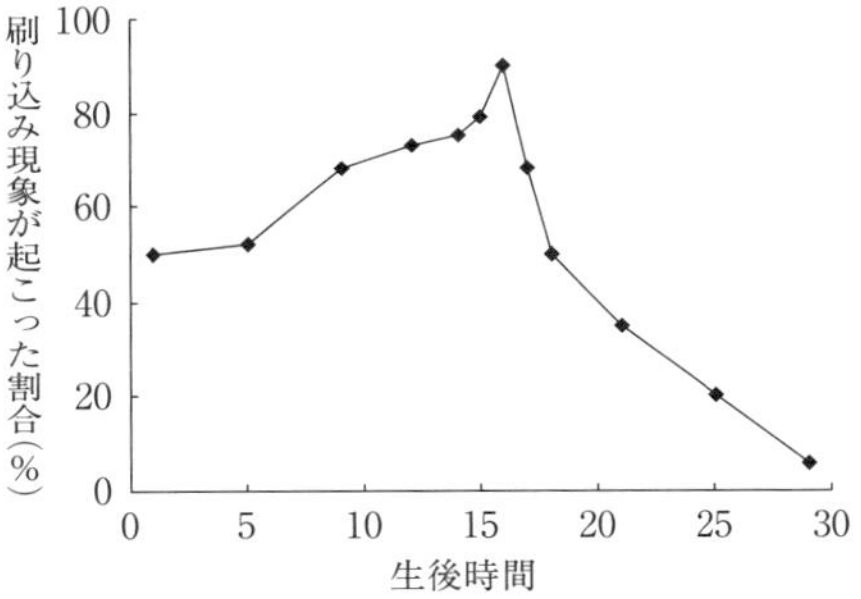

図 1.1　刷り込み現象の例(ヘスによる)

　このように、刷り込み現象は限定された時期だけに起こる。この時期を臨界期と呼ぶ。その時期や長さは、種や行動によって異なる。

　さらに、刷り込み現象は、いったん獲得すると取り消すのがきわめて難しい。ローレンツに刷り込みをされた雄のコクマルガラスは、性成熟期を迎えたとき、同じ種ではなく、ローレンツの隣に住んでいた人間の少女に「恋」をしたという。刷り込みができないように、臨界期に隔離されて育てられたハイイロガンを、その後親と一緒に飼育しても、お互い警戒してできるだけ離れた場所に座るようになり、相手に対して異常な反応を示したという。

刷り込みの最適刺激

面白いことに、刷り込み現象は、時期だけでなく、その臨界期内につぎ込んだ労力によっても、起こる割合が高まるという結果が出ている。

ヘスは、生後一二時間から一七時間の子ガモに刷り込みをする実験で、動く対象と子ガモとの距離をいろいろと変えてみた。図1・2はその結果で、距離が長いほど刷り込みの割合が高くなっていることがわかる。

ただ、単純に距離に比例しているわけではなく、ある一定のところまで急速に伸び、その後は緩やかな伸びにとどまっていることに注意したい。つまり、刷り込み現象が起こるには、最適な刺激があると考えられる。その刺激に臨界期の間に触れることが大切なようだ。

言語習得における臨界期仮説

このような動物の行動にみられる臨界期の概念を人間の言語習得に応用したのが、神経学者のペンフィールドとロバーツ、およびレネバーグである。レネバーグは、脳に障害を受け失語症になった患者の症例を調べ、思春期前に障害を受けた患者は言語を回復したのに、思春期以降に障害を受けた患者は、完全に言語を回復することがないことや、ダウン症などの患者の言語発達が、思春期あたりで止まってしまうことを見出した。これらのことから、一九六七年の著作で、言語習得にも臨界期があると提唱した。これが言語習得における臨界期仮説である。

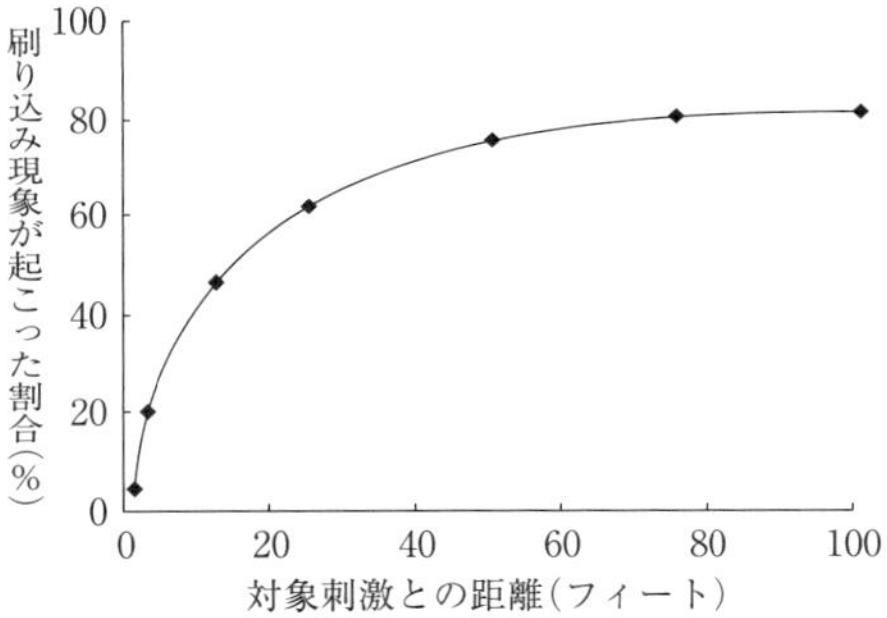

図 1.2　刺激対象との距離と刷り込みの強度（ヘスによる）

レネバーグは、臨界期の存在を生物的な理由によるものと考え、左右の脳の役割の固定化(側方化)がほぼ完了する思春期が臨界期にあたると考えた。つまり、言語習得の開始は、脳がまだ柔軟性をもっている思春期以前に行われなくてはいけないと考えたのである。ただ、この場合の言語習得とは第一言語(母語)の習得である。レネバーグは、第二言語習得や外国語習得に関してはほとんど言及していない。

ペンフィールドとロバーツは、一九五九年の著作で、脳に障害を抱える患者の臨床データをもとに、言語の習得には年齢的な制約があると主張した。彼らは、第一言語にとどまらず、学校における第二言語の指導も、四歳から一〇歳までの間に開始するのが適当であると述べている。

脳障害の臨床事例をもとに、臨界期の概念が言語習得に応用されたことは興味深いが、レネバーグが証拠として提示した臨床データについては、網羅的でない、言語回復の基準が不明確であるなどといった問題が指摘されている。また、ペンフィールドとロバーツによる「四歳から一〇歳」とする主張も、それを裏づけるデータが不十分であった。

最近の脳科学研究では、脳の側方化を根拠として言語習得に臨界期が存在するという主張は支持されていない。しかし、言語習得の臨界期仮説自体は多くの研究者の関心を惹きつけ、活発に研究されていくことになった。

第一言語、第二言語、外国語

ここまで、定義せずに、第一言語、第二言語、外国語という用語を使ってきたが、先に進む前に整理しておきたい。

第一言語とは、一般に、子どもが最初に習得する(または習得を始める)言語のことを指す。多くの場合、子どもが最初に触れるのは母親のことばであるから、母語などともいわれる。

ただし、第一言語や母語の判断は、実はかなり複雑である。最初に触れるのが母親のことばでないこともある。また、さまざまな理由により最初に触れた言語を喪失してしまい、別の言語が第一言語に代わってしまう場合もある。さらに、一番習得度の高い言語が第一言語(母語)とは限らない。学校教育を母語で受けられない人(世界では非常に多い)の中には、母語で話をすることができなくなってしまったり、母語で読み書きができなくなってしまったりする人も少なくない。

また、同じような状況にあっても、どの言語を第一言語ととらえるかは人によって異なる。言語は、その人のアイデンティティと強く結びついているからだ。

同じように、第二言語や外国語の定義も複雑である。第二言語とは一般に、第一言語の習得の後に(または習得開始後に)習得を始めた言語のことをいう。こうした言語が複数ある場合には、それらを全部総称して第二言語ということも多いが、第二言語、第三言語などと区別して呼ぶこともある。生まれたときから二つ以上の言語を同時に習得する場合は、第一言語を二つもっていると考えるが、どちらかの言語の習得開始時期が少し遅くなった場合には、遅く始めた言語を第二言語と呼ぶ場合が多い。ただし、どれくらい遅れたら第二言語になるのかは、必ずしも明確に規定されているわけではない。

第二言語習得と外国語習得の違い

第二言語を習得開始時期だけで定義すれば、外国語も一般には第二言語の一つと考えられる。外国語の習得開始は、ふつう第一言語より後になるからだ。

しかし、第二言語と外国語を分けて考える場合もある。例えば、ブラジルからの移民が日本で日本語を学ぶ場合のように、習得目標となる言語が広く使われている言語環境内でその言語を習得するような場合を、第二言語習得という。この環境では、多くの言語刺激(インプット)を受けることができる。一方、日本人が日本で英語を学習する場合のように、目標言語がそのコミュニティで一般的に使われていない場合を、外国語習得という。ただし、どの程度そのコミュニティで使われたら第二言語になるのか、それとも外国語になるのかは、研究者の間でもあいまいである。特に英語など、世界で広く普及している言語の場合、どこまでを外国語とみなすかの線引きは非常に難しい。

本書では、便宜上、第一言語と母語とを区別せず、どちらも子どもが最初に触れる言語と定義することにする。他方、第二言語と外国語は、原則区別して使う。これからみていくように、習得をめざす言語のインプットの量や質は、言語習得を左右する重要な要因だからである。すなわち本書では、外国語環境とは、第二言語環境と違い、習得をめざす言語のインプットが大幅に少ない場合を指すことにする。

２　臨界期とは何を意味するのか

臨界期を定義づける条件

発達心理学者のハクタは、言語習得に臨界期があるとするには、以下の条件を満たしている必要があると主張した。

（1）臨界期の開始時期と終了時期が特定される。
（2）臨界期が終了した後には、学習プログラムが機能しなくなり、急速に学習が衰える。
（3）臨界期が終了した後には、それ以前とは別の学習プログラムによる学習が行われる。つまり、臨界期の終了する前と後とでは、質の異なった学習が行われる。
（4）臨界期の終了前では、一定水準の刺激に触れさえすれば、環境の違いや個体差に関係なく学習が行われるが、臨界期終了後では、環境の違いにより学習結果に大きな個人差が生じる。

この定義に従えば、臨界期がある場合は、図1・3(1)のように、学習到達度に折れ曲がりが観察されなくてはならない。(2)の場合は「年齢による制約」を示しているが、両者は区別されることになる。

私たち人間の認知能力や運動能力の中には、年齢が上がるにつれて、徐々に衰えていくものが少なくない。臨界期の存在を証明するには、ただ単に、年齢と学習結果との間に、負の相関関係があることを示しただけでは不十分なのである。ハクタによれば、臨界期の前後では、学習の結果、および学習のメカニズムの双方で、大きな違いがなくてはならない。さらに、その理由も明らかにされる必要がある。

ただし、ハクタの主張する臨界期の存在(図1・3の(1)のケース)と、年齢による制約の存在(図1・3の(2)のケース)を分けない立場をとる研究者もいる。

さらに、臨界期の概念をめぐる問題で、研究者の間で定義がばらついている点が少なくともあと二つある。一つは、臨界期を過ぎてしまった後に、それ以前と同様の学習結果を達成することは絶対不可能だとする立場をとるのか、それとも、その後の環境やその他の要因によって

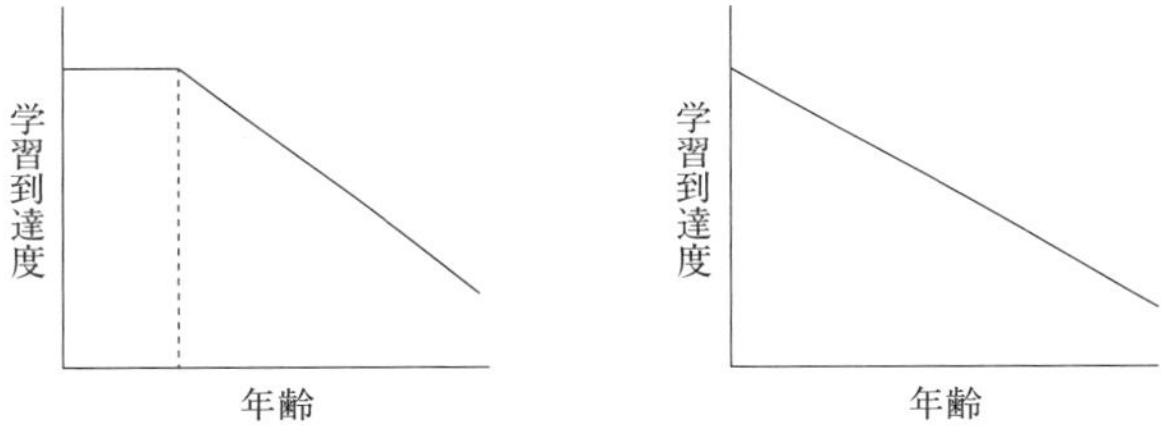

(1) 臨界期が存在する場合　　(2) 年齢による制約

図 1.3　臨界期がある場合の学習到達度の概念図(1)臨界期が存在する場合には折れ線となり，到達度が徐々に低下する場合(2)とは異なる．

は回復が可能だとする立場をとるのかである(可逆性の問題)。もう一つは、第一言語と第二言語との関係をめぐる問題である。レネバーグの仮説は、第一言語習得に関することに限定されていた。レネバーグの主張を第二言語習得のケースに当てはめた場合、臨界期の概念をどのように解釈するべきなのだろうか。

臨界期を逃したら回復できないのか

可逆性の問題に関しては、文献の中に、「敏感期」という、臨界期より少し緩やかな解釈を許しそうな用語も使われている。

フォックスなど一部の研究者は、正常な発達が起こるのに不可欠な期間のことを「臨界期」と呼び、発達に必要な刺激の欠如または不足に対して器官が敏感になる期間を「敏感期」と呼んで、両者を分けている。しかし、この二つが、構造的・因果的に本当に別々のものかははっきりしない。子どもが言語を習得するのには、インプットが不可欠であることは間違いない。もしインプットを受けるタイミングに何らかの時間的な制約があるなら、それは臨界期といえるだろう。しかし、同時にその期間は、インプットの欠如に対して非常に敏感な時期(つまり敏感期)ともいえる。

さらに、研究者の中には、「臨界期」を、その時期を逃すと修復が不可能な場合のみに使い、「敏感期」は、その間に必要な刺激を十分に得られないと発達に影響を及ぼすものの、修復が不可能ではない場合に使う、といった使い分けをしている者もいる。一方、「臨界期」と「敏感期」がほぼ同義に使われているケースも少なくない。

可逆性を認めない前者の立場では、臨界期後には習得可能性があるか否かが、検証の関心事になる(習得可能性があることが証明できれば、臨界期の存在を否定することができる)。一方、臨界期後にもある程度のチャンスを認める後者の立場では、臨界期後でもどれくらいの確率で、母語話者としての(第二言語習得者の場合は、母語話者と同等の)言語能力を身につけることができるのか、そして、どんな条件下でそれが可能となるのかが、研究の関心事となってくる。

次に、第二言語習得における臨界期をどう考えるかだが、ジョンソンとニューポートによると、レネバーグのもともとの定義は、以下の二つの解釈を可能にするという。

（解釈1）人間は幼少のある一定の時期にだけ、言語を習得する特別な能力をもっている。その時期にその能力を使わなければ、その能力は消滅するか、時間がたつにつれて徐々に衰えてしまう。**一方、その時期にその能力を使うことができれば、一生の間、言語学習は影響を受けない。**

（解釈2）人間は幼少のある一定の時期にだけ、言語を習得する特別な能力をもっている。その時期にその能力を使わなければ、その能力は消滅するか、時間がたつにつれて徐々に衰えてしまう。

この二つの解釈の違いは、最後の文（太字で表した部分）がついているか否かだ。

解釈1によれば、臨界期中に、とにかくどの言語でもよいから習得する機会を得さえすれば、言語学習能力がそのまま維持され、後で別の言語を学ぶときにもその能力を使うことができる。多くの場合、人は幼少期に母語（場合によっては複数の言語）を学び、この言語習得能力を使うわけだから、その後の別の言語学習においても臨界期はないことになる。この解釈は、これから新しい言語にチャレンジしようと思っている大人の読者にとって朗報といえる。

だが、解釈2によると、第二言語もネイティブ・スピーカー(母語話者)なみに身につけたいと思ったら、その臨界期中に始めなくてはいけないことになる。チャレンジ精神旺盛の大人の読者には、あまりうれしくない解釈である。

3　言語能力とは何か

もう一つ、確認しておかなくてはいけないことがある。それは、習得したいもの、つまり言語能力とは何かという問題である。

言語能力とは、流暢にぺらぺらしゃべれることだろうか。よい発音だろうか。それとも、語彙力だろうか。しかし、私たちの周りをみても、同じ日本語母語話者なのに、いろいろなことばを知っている人もいれば、語彙数の少ない人もいる。漢字能力も人さまざまだ。方言によるアクセントの違いもある。では、文法能力だろうか。でも、「最近の若者はことばの使い方が間違っている」などと嘆く大人がよくいるではないか。たとえ一部の大人が嘆いたとしても、若者の文法能力は、同じ言語を共有する大人と同様、やはり母語話者の言語能力ではないのか。そもそも、母語話者とは何だろう。

言語能力は非常に多元的なもので、それをどのようにとらえるかは、研究者の間でもいろいろな考え方がある。そのアプローチを非常に大まかに分けると、理論言語学アプローチ、認知・機能主義アプローチ、社会文化的アプローチの三つに分類できる。

理論言語学アプローチ

理論言語学は言語の形式に注目した理論で、三つのアプローチの中では、言語能力を一番限定的にとらえる。ここでいう形式とは、私たちが普段、文法といっているものに近いと考えていいだろう。ただし、厳密には、理論言語学のいう文法には特殊な意味があり、私たちが通常考えている文法とは違う。

理論言語学の代表格はチョムスキーという言語学者である。チョムスキーたちは、人間の言語能力を、有限の言語単位をもとに新しい文を無限に創造したり、理解することを可能にする文法知識だと考えた。この能力をコンピタンス、または文法コンピタンスと呼び、実際の言語使用(つまりコンピタンスの現実化)をパフォーマンスと呼んで、両者を区別した。

確かに、私たちは毎日、聞いたことのない文を理解したり新しい文を創造したりしている。過去に接した言語材料を丸暗記しただけでは、このような芸当はできない。理論言語学者たちによれば、こうしたことが可能なのは、人間には生得的に、言語を習得する特殊なプログラムが備わっているからだ。彼らはこのプログラムを普遍文法と呼んだ。

普遍文法は、すべての自然言語(人間のコミュニケーションのために、自然に発達してきた言語のこと)の生成をつかさどる普遍的な原理と、その原理に付随するパラメターと呼ばれる要素からなっている。このパラメターは、インプットによってセットされたりセットされなかったりするスイッチのようなもので、習得する言語により、パラメターの設置が変わってくる。例えば、日本語は、主語、目的語、述語の順番で文が基本的に形成される。「翔太がチョコレートを食べた」では、翔太が主語、チョコレートが目的語、食べたが述語だ。チョコレートについて説明を加えたい場合は「翔太が恵理からもらったチョコレートを食べた」のように、修飾部分「恵理からもらった」が名詞「チョコレート」の前にくる。ところが、英語では Shota ate chocolate that Eri had given him というように、チョコレートの後に修飾部分がくる。日本語を習得する場合は、修飾部分は名詞の前にくるというパラメターが作動し、英語の場合はそれが後ろにくるというパラメターが作動する。したがって、理論言語学アプローチでは、言語習得とは、有限個のパラメターの設置と語彙の習得であると考える。

理論言語学アプローチから臨界期の問題を考えると、どうなるだろう。まず、第二言語を学習する際に、はたしてこの普遍文法に頼る（アクセスする）ことができるのか、それとも、アクセスできないのかが問題となる。チョムスキーの普遍文法は、第一言語を前提にした理論だからだ。

もし、第二言語では普遍文法にアクセス不可能だと考えるなら、第二言語を母語のように習得することはできないことになる。

実は、普遍文法を支持する研究者の間でも、第二言語学習者は母語同様に普遍文法にアクセスできるとする立場から、まったくできないとする立場まで、意見が分かれている。

さらに、第二言語学習では、普遍文法に加え、思考による問題解決方法を使っているとする、二重関与説もある。子どもが抽象的な思考や演繹的な推論を伴った問題解決方法を使い始める年齢（例えば発達心理学者ピアジェによると、ほぼ一〇代の初め）になると、問題解決方法に頼って言語にアプローチするようになる。二重関与説では、その時期になると、第二言語学習者は普遍文法への完全なアクセスはできなくなり、第二言語は第一言語のようには習得できなくなると考えられている。

このように、同じ理論言語学のアプローチをとる研究者の間でも、第二言語習得に関しては見解が異なっている。さらに、本書では詳しくは言及しないが、もともとの普遍文法の解釈も近年大きく変革を遂げており、それに伴い、第二言語と普遍文法との関係性も理論上の大きな変革を求められている。

認知・機能主義アプローチ

認知・機能主義アプローチでは、ハイムズが唱えた「コミュニケーション能力」という概念にもとづき、言語能力を理論言語学アプローチよりも広義にとらえる。

コミュニケーション能力は、特定の状況の中で適切に言語を使用するための言語知識と、その知識を運用するための潜在的能力からなっている。言語知識の中には、文法知識だけでなく、社会言語的知識なども含まれる。例えば、目上の人をファースト・ネームで呼ぶのはタブーとされている言語共同体もあれば、そうしたことが慣例となっている言語共同体もある。このように、特定の場面でどのような言語使用が適切であるかといった知識を社会言語的知識という。

そしてこのような言語知識を運用するための潜在的能力には、自信や動機づけといった要素も含まれている。ハイムズは、このコミュニケーション能力を、実際の言語使用であるパフォー

表1.1　チョムスキーとハイムズによる言語能力のとらえ方

	知識モデル	パフォーマンスモデル	実際の言語使用
チョムスキー	能力(competence)	パフォーマンス(performance)	
	文法能力(grammatical competence)	語用能力(pragmatic competence)	実際のパフォーマンス(actual performance)
ハイムズ	コミュニケーション能力(communicative competence)		パフォーマンス(performance)
	知識(knowledge)	使用するための潜在能力(ability for use)	パフォーマンス(performance)

(マクナマラをもとに作成)

マンスとは分けてとらえた。知識や潜在能力があっても、実際に使えるかどうかは別問題というわけだ。

言語能力について、チョムスキーのとらえ方とハイムズのとらえ方を比較してみよう。マクナマラは、両者を表1・1のように表した。ただし、厳密には、チョムスキーのいう文法能力と、ハイムズの知識は同義ではない。チョムスキーが言語能力を文法に限定していたのに対し、ハイムズの言語能力(コミュニケーション能力)は、多くの要素を含有していることがわかる。ハイムズのコミュニケーション能力の考えは、その後、言語教育における言語能力のとらえ方に大きな影響を及ぼした。

認知・機能主義アプローチをとる研究者は、言語能力を一般認知能力の一種と位置づけた。そして、言語活動に関わる認知的側面も、言語能力の一部として研究対象に組み入れた。この点で、言語能力を無意識レベルの文法能力に限定し、一般認知能力と切り離してとらえていた理論言語学アプローチとは根本的に違う。

認知・機能主義アプローチでは、いろいろな認知理論をもとに、語彙や意味の習得、読解、作文、翻訳などといったさまざまな言語活動や、言語活動中の認知プロセス、言語使用の際に使われるストラテジー、また言語活動に関するメタ認知行動(自らの認知活動に関する知識や、認知活動のプロセスをモニター・制御・評価すること)など、広範囲の言語活動とそのプロセスを研究の対象としている。

コンピュータ技術の発達とともに、計算論的アプローチ(computational approach)と呼ばれるアプローチも進化を遂げている。神経回路網の情報処理をモデルにした並列分散処理モデル(コネクショニスト・モデルとも呼ばれる)や、コーパス(自然言語を大量に集積し、検索や情報処理研究に役立てようとするもの)の整備などによって、言語学習者のインプットやアウトプット(産出)がどのような形でなされているかが、統計的に研究されている。

では、認知・機能主義の立場から、言語習得と臨界期の問題を考えるとどのようになるだろうか。このアプローチでは、言語学習開始年齢が、情報処理能力や注意、記憶などの認知活動とどのような関わりをもっているかを調べることになる。

社会・文化的アプローチ

社会・文化的アプローチは、以上二つのアプローチに比べ、言語能力を一番広義にとらえている。コミュニケーション能力としてとらえる点では認知・機能主義と共通しているが、特に言語の社会的な側面、すなわち人と人との間の相互関係における言語使用を重視し、言語を社会的に構築されたものだと考える。したがってこのアプローチでは、言語能力を単に言語の形式や意味を理解することだけに限定しない。特定の社会場面の中で適切に言語活動を遂行するための知識やスキル・方略なども、言語能力の中に包含する。

社会・文化的アプローチから年齢と言語習得の問題を考えると、年齢に応じた社会的環境要因が非常に重要になってくる。習得年齢により、社会言語環境は違ってくると予想できるからだ。そうした社会的環境が、言語習得にどのように関わってくるかの検証がかかせない。環境に応じて、その言語を習得しようという動機づけや、言語とアイデンティティの結びつきも変化するだろう。習得をめざす言語のインプットの量や質も、年齢に伴う社会環境の変化などに応じて違ってくる。

言語能力と言語習得

言語能力をどのようにとらえるかは、言語習得をどのようにとらえるかに直接関係してくる。社会・文化的アプローチを唱える研究者は、従来の認知・機能主義アプローチの「言語習得とは個人の認知状態の変化」であるという前提に疑問を投げかける。先に簡単に触れたように、認知・機能主義アプローチではさまざまな外的要因をできるだけ統制した上で、言語学習者を母語話者と比較するという研究手法がとられることが多い。これに対し社会・文化的アプローチをとる研究者は、母語話者という一定のノーム(基準)があるという認知・機能主義アプローチの前提にも疑問を呈する。一方、認知・機能主義アプローチをとる研究者の中には、社会・文化的アプローチが研究対象としているのは主に「言語使用」であり、「言語習得」ではないと批判する者もいる。

ダイナミックに発達する言語

最近では、言語使用と言語習得を別々のものと分けて考えずに両者を融合するなど、「認知・機能」対「社会・文化」という対立構造から脱却する試みもでてきている。その一つに、自然科学のカオス・複雑理論を言語習得に応用して、言語はまるで生き物のように環境に応じて常にダイナミックに変化・適応していくものととらえる生態的なアプローチがある。この考えによると、学習者を含む言語使用者の言語知識やスキルなどの言語資源（リソース）は、それぞれの言語経験や環境により、常時変化する。言語を使うたびに、その言語経験が言語資源に変化を与え、その変化した新しい言語資源をもとに、私たちは次の言語活動を行うことになる。この考え方に従うと、言語学習には終わりがない（したがって、このアプローチをとる研究者は、言語習得とはいわず、言語発達という表現を好む）。環境に適応して、ダイナミックに変わっていく言語資源システムの解明こそが研究対象となる。このアプローチに従えば、母語話者の言語能力も常に変動していくわけだから、第二言語学習者が何をもって母語話者のようになったかを規定するのがたいへん難しくなる。

第１章では、臨界期の概念が、動物行動学の知見からもたらされたこと、そして、その定義をめぐって、さまざまな考え方があることをみてきた。さらに、言語能力のとらえ方にも、いろいろなアプローチがあることを確認した。ここからもわかるように、年齢と言語習得をめぐる問題は複雑である。臨界期をめぐる議論に関しては、研究者がどの立場で、どのような方法論をもとに議論を展開しているのかを、注意深く見極めていく必要がある。

第2章

母語の習得と年齢

――ことばを学ぶ機会を奪われた子どもたち

不幸にも、言語習得の機会を人生の初期に何らかの事情で奪われてしまった子どもたちがいる。そのような子どもたちはもう、ふつうの環境下に置かれた母語話者のように言語を身につけることができないのだろうか。この章では、第一言語習得における臨界期の問題を考える。まず、通常どのように母語(第一言語)が習得されるかをみておこう。その上で、ことばを学ぶ機会を奪われてしまった子どもたちの事例を紹介することにする。

1 赤ちゃんの言語習得

韻律——言語習得への最初の足掛かり

私たちが言語を習得するには、まずその言語で使われる個々の音を識別し、発声できることに加えて、韻律を身につけなくてはいけない。韻律とは、イントネーション(抑揚)、アクセント、リズム、声調(トーン)といった特徴のことである。

韻律は、コミュニケーションを行う上で非常に重要な役割を果たすといわれている。言語教育学者の間では、言語習得にあたっては、個々の音の習得より韻律の特徴をマスターする方が大切だと考えている人も少なくない。

アクセントの特徴は、言語によって異なる。例えば、日本語は高低アクセントをもつ。東京方言の場合、「雨」では「ア」の部分の声が高く、「飴」では、「メ」の部分が高くなる（ただし、関西方言では逆になる）。このように、アクセントの高低の位置により、単語の意味が変わってしまうこともある。

英語では、強弱に留意しなくてはいけない。「マクドナルド」を英語圏で理解してもらうように発音するには、最初の「ド」の部分を強く、高く、長く発音しなくてはいけない。リズムも日本語と英語では違う。英語では、アクセントのある音節から次のアクセントのある音節までの長さが等間隔になる。日本語では、拍（モーラ）と拍が等間隔になる。だから日本語のコンテクストでは、「マ・ク・ド・ナ・ル・ド」と六拍が等間隔で発音される。

イントネーションが違うと、同じ言語構造をもつ発話でも、違うメッセージになったりする。例えば、「東京で二月に桜が咲いた」を、声を下がり調子（下降型のイントネーション）で言えば、桜の開花に関する事象の報告だが、上がり調子（上昇型のイントネーション）で言えば、疑問や驚きのメッセージにもなる。また、文法上の切れ目で間（ポーズ）を置かなければ、意味を取り違えられたり、メッセージが通じなくなってしまったりする。

赤ちゃんの韻律を認識する能力

私たちは、母親の子宮内にいるときから、羊水を媒介とした振動や骨伝導などを通じて、母親の話す言語、つまり母語のもつリズムなどの韻律的な特徴を学習している。生まれたばかりの赤ちゃんは、すでに母親の声を他の女性の声より好む。だが残念ながら、父親と他の男性の声の区別はできない（赤ちゃんが声を区別していることをどうやって調べるかは後で述べる）。

赤ちゃんは、母語または母語と類似した韻律特徴をもつ言語に対し、そうでない言語より、より敏感に反応する。面白いことに、母親の話すことばを録音して逆に再生すると（つまり、自然なイントネーションが壊されてしまうと）、もう赤ちゃんはこの刺激に特殊な反応を示さなくなってしまう。この結果から、赤ちゃんは特にイントネーションに敏感に反応しているのではないかと考えられている。

新生児の韻律特徴を認識する驚くべき能力は、彼らが一度も耳にしたことのない外国語でも、韻律特徴が違うと聞き分けられることからもわかる。ただし、韻律特徴が似ている言語だと聞き分けは難しい。メーラーらによる実験では、フランス語を話す母親から生まれた新生児は、韻律特徴の異なる日本語と英語は（一度も聞いたことがなくても）聞き分けることができたが、韻律特徴の似ているオランダ語と英語を聞き分けることができなかった。どうやら、新生児は韻律特徴を足掛かりに言語を認識しているらしい。

ところが、生まれてから二〜三か月のうちに、大きな変化が起こる。赤ちゃんは耳にしていない外国語を聞き分けることができなくなってしまうのである。ただ面白いことに、この時期になると今度は、母語と外国語は、韻律特徴が似ていても聞き分けられるのである。英語環境で育つ生後五か月の赤ちゃんは、韻律特徴の似ているオランダ語でも、母語である英語とは聞き分けることができるようになった。どうやら赤ちゃんは、母語を習得しやすいように、母語のもつ特徴に徐々に敏感になっていくようだ。

生後六か月から九か月の赤ちゃんに行った実験では、母語に特徴的な韻律パターンに強い興味を示すことが知られている。例えば、英語では **baby** や **Mommy** など強弱のストレス・パターンをもつ単語が一般的なのに対し、フランス語では、弱強という逆のパターンが一般的である。アメリカの赤ちゃんを対象に行ったある実験では、生後六か月ではストレス・パターンの違いによる興味の違いはみられなかったが、九か月の段階では、母語である英語に多い強弱ストレス・パターンをもつ単語の方により興味を示したという。

読者の中には、赤ちゃんが音を区別して認識できているか否かをどのように判断するのかと、疑問に思う人もいるだろう。当然のことながら、赤ちゃんに対して「違う音が聞こえたらコンピュータのキーを押してください」などといった言語的な指示を出すことはできない。いくつかの方法が試みられているが、代表的なものとしては、赤ちゃんが刺激の方に頭や視線を向けるかどうかを調べたり、赤ちゃんの「馴化」という特性を利用するものがある。馴化とは、一定の刺激が続くと、その刺激への反応が鈍化することである。赤ちゃんは新しい刺激に反応するが、それが続くとすぐに飽きてしまい、その刺激への反応が持続しない。これを利用するのだ。例えば、センサーを装備したおしゃぶりを赤ちゃんにくわえさせて、一定時間に何回おしゃぶりを吸うかを測定する。最初の刺激に反応した後、吸う回数が下がってくる。次に与えた刺激を、最初の刺激と違うものだと赤ちゃんが認識すれば、また吸う回数が増えるはずだ。二番目の刺激を最初のものとは違うと認識しなければ、吸う回数が増えない。おしゃぶりを吸う回数の代わりに、心拍数を利用したり、最近では、脳の活動を測定したりすることも多くなってきた。

徐々に母語習得に特化していく音の認識力

韻律の聞き分けと同じような発達プロセスは、個々の音の聞き分けにも起こっている。個々の音、つまり言語で使われている音の最小単位を音素という。例えば、英語の cat という単語は、/k/ /æ/ /t/という三つの音素から成り立っている。日本語の「赤」という単語も/a/ /k/ /a/の三つの音素からなる。音素は母音と子音に大別できるが、言語によって、音素の種類や数は違う。音素の区別は重要だ。「赤」の最初の音/a/を別の音素/i/と発音すると、「イカ」というまったく別の単語になってしまう。

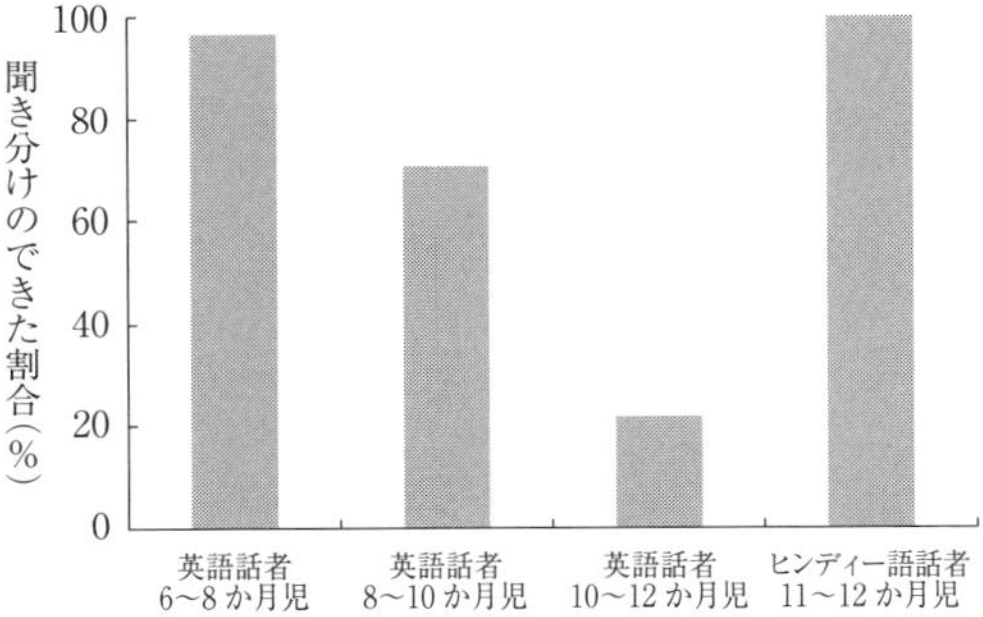

図 2.1　英語環境で育っている乳児のヒンディー語音素聞き分け能力(ワーカーによる)

生まれたばかりの赤ちゃんは、自然言語で使われているすべての音素を聞き分けることができる。これは驚くべき能力だといえるだろう。なにしろ、日本人の母親から生まれた赤ちゃんでも、生まれた時点では、アラビア語の音であろうが、スワヒリ語の音であろうが、中国語の音であろうが、みんな聞き分けることができるのだ。ところが、最初の誕生日（つまり生後一二か月）を迎えるまでに、母語で使われない音素の聞き分けができなくなってしまう。

図2・1は、ワーカーが行った有名な実験結果を示したものである。ヒンディー語では、/t/と/T/という音素記号で表される二つの音素の区別をする。英語でも日本語でもこ

れらの音素は区別しない(どちらも/t/に聞こえる)。そこで、赤ちゃんに/t/と/T/の聞き分けができるかどうかを調べてみた。英語環境に生まれたモノリンガルの赤ちゃん(英語だけを聞いている赤ちゃん)は、生後六か月ぐらいまでは、ヒンディー語に接していなくても、/t/と/T/を聞き分けられる。ところがその後、この二つの音素の聞き分けはだんだん難しくなり、生後一二か月までには聞き分けられなくなってしまう。一方、ヒンディー語を母語としている赤ちゃんは、/t/と/T/を区別する能力を一二か月たっても維持できている。

音素の中でも母音の聞き分け能力に注目したクールは、赤ちゃんが生まれてから一年の間に起こる音素認識能力の変化を、三つの段階に分けて説明した。母音の特徴は、発音の際の声道の共鳴が起こる周波数で特定できる。周波数の低い方から第一フォルマント、第二フォルマントと呼ばれる。図2・2は、英語、スウェーデン語、日本語の母音習得の過程をそれぞれ示したものである。第一段階、つまり誕生時には、赤ちゃんはすべての言語で使用されている母音に対応できる。ところが、生後六か月ごろまでの間(第二段階)に、耳に入ってくる母音は蓄積され、典型的な音に磁石のようにひきつけられた結果、母語に特化した知覚区分が形成される(そのためこの理論は母語マグネット理論と呼ばれる)。そして、生後一年ぐらいまでの間(第三段階)に、母語で使わない音の境界線がなくなっていく。

この結果は何を意味するのだろう。わずか生後一年以内に、母語で使わない情報を認識する知覚を失ってしまうのだろうか。
　実は、認識する知覚がまったく失われてしまうわけではない。その証拠に、聞いたこともな

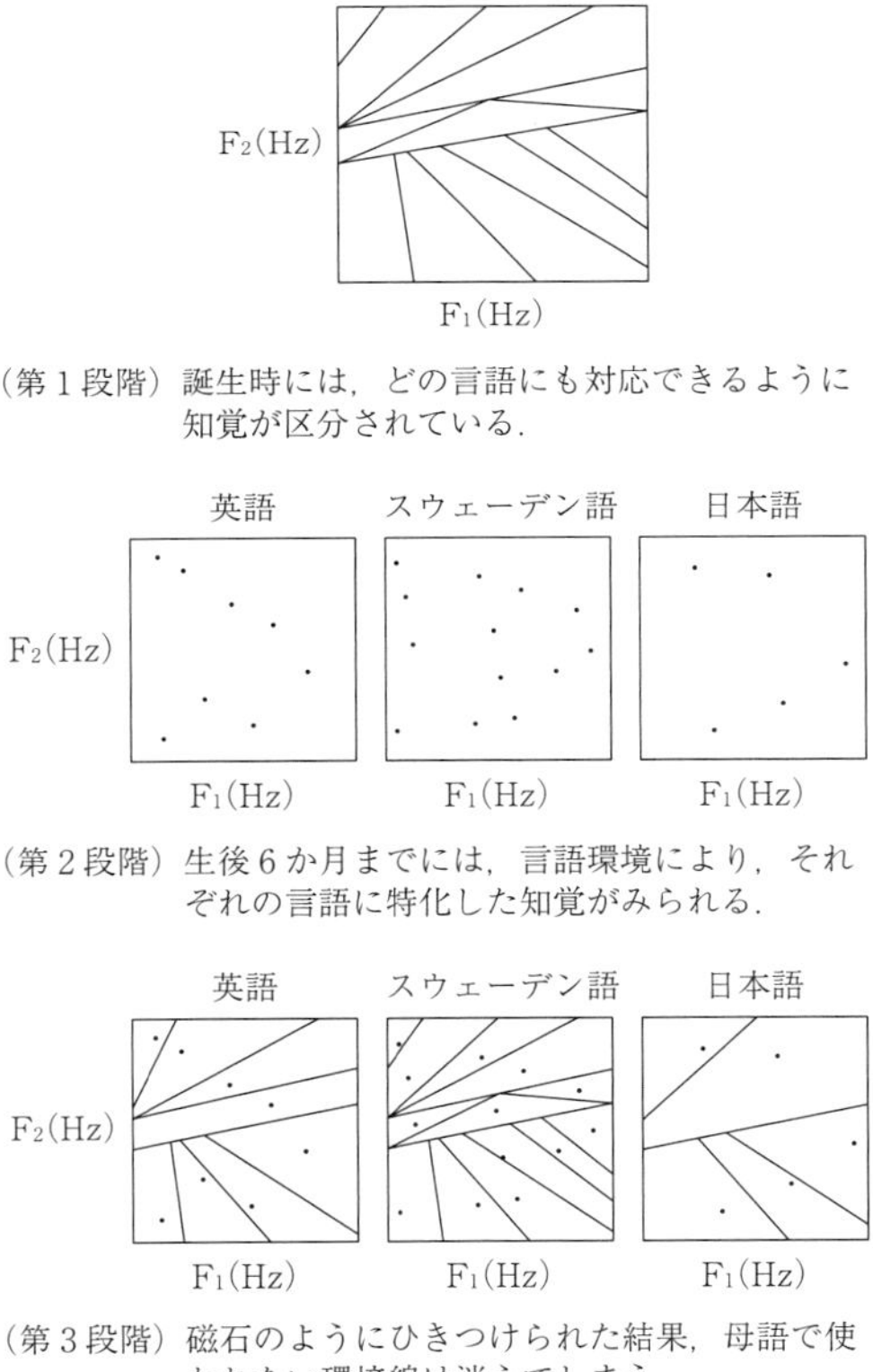

F_1：第1フォルマント，F_2：第2フォルマント．

図2.2　乳児の母音の識別能力が特化していく過程（クールによる）

い外国音でも、母語で使われている音とまったくかけ離れている音は、大人でも聞き分けることができる。また、母語では区別しない似通った音でも、訓練すれば大人も聞き分けられる。日本人が英語を学ぶとき、RとLの音の区別に苦労するが、意識的に練習すれば聞き分けられるようになる。つまり、第二言語学習者は、母語のカテゴリーを利用して、できるだけターゲットになる音に似せようとする。母語とかけ離れた音の場合は、新しいカテゴリーを形成する必要が出てくる。日本人にとって、英語のRとLの音の区別が難しいのは、日本語にはない新しいカテゴリーの形成を要求されるからだ。

しかし、なぜ私たちの耳は生後早い時期に母語以外の言語の韻律特徴や音への敏感さを失っていくのだろうか。これは、母語をできるだけ効率的に習得するためのメカニズムであると考えられる。クールは乳幼児の脳の活動を調べ、母語への特化の早い子どもは、母語の語彙習得の進み具合が早くなるというデータを示した。逆に、外国音を聞き分ける能力をなかなか失わない赤ちゃんは、母語の習得が遅れるという。赤ちゃんは、母語の特徴に注意を集中させることで、言語環境に応じて、効率よく母語を学ぶ体制を整えているというわけだ。

発声への準備プロセス

正常な環境で言語習得を行っている赤ちゃんは、通常、生後一〇か月から一四か月の間に、最初のことばを発するといわれている。しかしそれ以前に、言語音を発声するためのいわば準備期間が存在している。

生後一か月間の赤ちゃんの発声は、主に生理的な欲求にもとづく泣き声(叫喚発声)だが、月齢二~三か月になると、言語的音声の萌芽がみられるようになる。この時期をクーイング期という。「グー」(/goo/)という音に代表されるように、母音的な音を核に子音的な音が結合するのが特徴である。クーイングは、快感時に多く観察される。こうした発声が可能となるのは、この時期、のどの構造に大きな変化が起こり、声帯振動と調音が同時に行えるようになり始めるからである。

月齢四か月ごろから、咽頭部(のどから口腔・鼻腔に至る空間)が下降して広がり、成人の声道構造に近づいていく。こうして音の高低や強さの調整が可能となり、多種類の音声が出せるようになる。金切り声、唸り声、呻き声、呼気と吸気を組み合わせて出す音など、さまざまな音が出される。

発声機構が整う月齢三か月から四か月のころには、母親など養育者の赤ちゃんへの働きかけにも変化がみられる。行動学者の正高は、母親が無意識のうちに赤ちゃんの発声と似た音を出して、オウム返しに反応していることを突き止めた。さらに月齢四か月になると、こうした母親の返答に赤ちゃんは母親と似た音で返答するようになる。正高によると、自分が最初に出した音と、それに応えてくれた母親の音が近いことを認識することは赤ちゃんに快感をもたらすという。このように、オウム返しという行為を経て、赤ちゃんは「同一」と「相違」を認知する能力を獲得していく。

その言語では重要だが、なかなか自然に出すのが難しい音に関しては、母親など周りの大人がより頻繁に返答することで、赤ちゃんは習得の糸口をつかんでいく。声調(音の上がり下がり)のある中国語では、発するのが難しい上がり調子の音を赤ちゃんが発すると、周りの大人は、下がり調子の音のときより反応しやすい。面白いことに、こうした大人の反応は意識的ではなく、難しい音を赤ちゃんが発話できるとかわいらしいと思い、つい多く反応してしまう仕組みになっているようだ。

月齢七か月ごろからは、言語の基本的な単位ともいえる母音(V)と子音(C)が組み合わさる。そして、/bababa/や/mamama/など、CV構造の反復が頻繁になされる。ピッチ(音の高さ)やイントネーションなどの特徴も出始める。「ジバリッシュ」が観察されるのもこの時期である。ジバリッシュとは「ちんぷんかんぷん」という意で、まだ単語を話せない幼児が、あたかも言語を話しているかのように音を連ねる、わけのわからないことばのことである。しかし、単に音をランダムに連ねているのではない。そこには習得している言語の萌芽がきちんと観察できる。

筆者と若林は、日本語と英語のバイリンガルの母親のもとで育てられている赤ちゃんのジバリッシュのピッチを調べた。その結果、日本語話者を相手にしたときのジバリッシュの方が、英語話者を相手にしたときよりピッチが高かった。これは、話者の日本語と英語のピッチの違いを反映したものと考えられる。実は一般に、日英のバイリンガル女性の場合、日本語で話すときの方が、英語で話すときよりピッチが高い。若い日本人女性の声は、英語、スウェーデン語、オランダ語を話す女性と比べると、ずっと高いことが知られている。ちなみに、日本語は男女の声のピッチの差が他の言語圏に比べたいへん大きい。それは日本社会の中で高い声が「女性らしさ」の象徴として認識されているからではないかと唱える研究者もいる。

さて、赤ちゃんが一歳の誕生日を迎えるまでには、/babu/ や /bawa/ など、母音や子音の異なる音節が組み合わさるようになる。そして赤ちゃんの中には、そろそろ単語を発話しだす子も出てくる。

母親語でのやりとり

母親や大人たちは赤ちゃんに対し、ピッチを上げたり抑揚の幅を広げたりした独特な話しかけをしばしば行う。これは、母親語または養育者語などと呼ばれる。

赤ちゃんは、高い音や大きな抑揚に注意を向けやすい。実際、母親語は、赤ちゃんが母親に無関心な状態が続くと発せられる傾向が強いという。そして母親語に赤ちゃんが反応した場合には、母親語のイントネーションタイプと赤ちゃんの反応のイントネーションタイプが一致する割合が高くなる。また、母親語では音の違いが強調して発せられるので、赤ちゃんが個々の音や単語を認識する助けになる。母親語で話されると、そうでないときに比べ、赤ちゃんの脳はより活発に反応することも知られている。

母親語のピッチの高さや抑揚の振れ幅、その使用頻度などは、言語により、また社会階層や文化により違いがあるものの、母親語は赤ちゃんの言語習得を促進する重要なメカニズムの一つと考えられている。

語彙の発達

一歳の誕生日を迎える前あたりから、最初のことばが出てくる。早い子では八か月ぐらいか

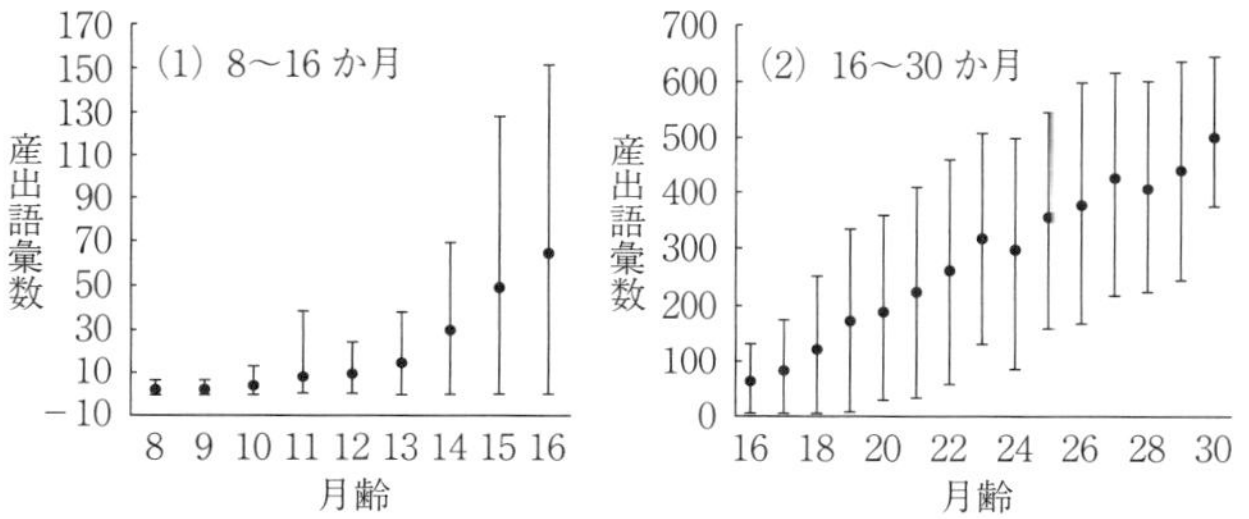

各月齢の平均値，および標準偏差の1.28倍の範囲を示す（マッカーサー語彙調査表によるベイツらの調査資料をもとに作成）．

図2.3　乳幼児（英語話者）の産出語彙

ら単語を話しだすが、二歳近くなるまで話しださない子もいる。最初の単語を話しだした後、子どもたちは急速に語彙を増やしていくが、語彙の増加の程度も子どもによって大きな違いがある。個人差が非常に大きいのである。

図2・3は、英語を母語とする乳幼児の語彙調査の結果を示している。誤解のないよう注意しておくと、これらは追跡調査の結果ではなく、平均的な産出語彙数と、上位一○パーセント程度から下位一○パーセント程度に入る語彙数の幅を月齢別に示したものである。

これらの図からわかるように、語彙の発達の個人差は非常に大きい。月齢三○か月で、語彙数の多い子どもは七○○語ほど産出しており、少ない子どもの倍ほどの語彙産出力をつけていることになる。聞いて理解できる語については、もっと大きな差ができていると考えられる。ただし、先に言及したようにこれは追跡調査ではないので、最初のことばを産出する時期が遅かった赤ちゃんが、必ずしもそのままずっと語彙数に遅れをとるということではない。

ただアメリカでは、幼稚園に入園する時点で語彙力が低かった子どもたち(下位二四パーセント)は、平均値をみるかぎり、学校教育を通じて語彙力・母語の読解力の双方でほかの子どもたちに追いつくことができなかったという衝撃的な研究も報告されている。学齢期のスタート時点での語彙力は、その後の読書習慣や学習経験などと深く関連し、相乗効果をもたらすのだろう。

ここまで、言語習得において他者との関わり合いがとても重要であることをみてきた。次に、生後すぐから正常な言語習得環境を奪われた子どもたちがどのような経過をたどったかをみていこう。

2　正常に言語習得を開始できなかった子どもたち

オオカミに育てられた子ども

言語の習得は、古代から、人間の好奇心を刺激してやまない不思議なことだったのだろう。

古代・中世には、赤ん坊を隔離して言語刺激を与えないようにするなど、今日では許されない「実験」が行われたとも伝えられている。紀元前七世紀のエジプト王、プサメティコス一世や、一五世紀のスコットランド王、ジェームズ四世の逸話などはその一例である。いずれも、「最も古い言語」を探るための実験であったという。人間の最も古い言語はインプットがなくても習得できるはずだという思い込みがあったのだろう。ちなみに、言語刺激を与えられなかった赤ちゃんが最初に発した言語は、プサメティコス一世の場合は当時小アジアで話されていたプリュギア語、ジェームズ四世の場合はヘブライ語だったという。ただしいずれも、伝説の域を出ない。

言語習得の機会を失った子どもの事例として、一九世紀フランスの「アヴェロンの野生児」ヴィクトールの話が有名である。フランソワ・トリュフォー監督が『野性の少年』というタイトルで映画化したので、観たことのある読者もいるに違いない。

裸で森を駆け巡っていたところを保護されたとき、ヴィクトールは一二歳程度だったといわれる。ヴィクトールがオオカミに育てられたという話は、かなり信憑性が低い。肉食動物であるオオカミが、人間の赤ちゃんを胃袋に入れる代わりに「育てた」という話は、はなはだ疑わしいからだ。ヴィクトールは、孤児だったのかもしれない。保護されたとき、ヴィクトールは動物のような叫び声を上げ、言語を発することはなかったといわれている。診察した医師は、ヴィクトールには先天的な知的障害があると診断した。

知的障害という診断に納得せず、ヴィクトールを引き取った別の医師ジャン・イタールは、ヴィクトールに人間としての教育を施そうと献身的な努力をする。しかし、五年間に及ぶ熱心な教育にもかかわらず、ヴィクトールの言語能力はアルファベットの一部を認識したり非常に簡単な文を操ったりするレベルにとどまり、結局、正常な言語習得はなされなかった。知的な発達も遅滞したままであり、社会性の習得もされなかったという。ただ残念ながら、ヴィクトールに関する記録は、イタール医師によるものも含め、あいまいな点が多い。

隔離されて育った少女、ジーニー

一九七〇年にアメリカで、正常な言語環境から隔離されて育った少女が保護された。ジーニーという名で、保護されたときにはすでに一三歳半を過ぎていたが、極端な栄養不良の状態で体が小さく、六～七歳の子どもにしか見えなかったという。

ジーニーに関しては、スーザン・カーティスという言語学者が詳細な言語発達の記録を残している。カーティスが初めてジーニーと出会うのは、一九七一年六月、ジーニーが一四歳二か月のときである。

ジーニーの家庭環境は異常であった。子ども嫌いの父親は、妻とジーニーを家に閉じ込め、虐待を繰り返した。ジーニーは小さな寝室に閉じ込められ、便器のついた幼児用の椅子に裸同然のままくくりつけられた。夜になると、腕を固定されたまま寝袋の中に押し込められ、そのまま放置された。家にはテレビもラジオもなく、音に対して非常に敏感だった父のせいで、会話は小声でなされ、父が怒りの声を上げる以外の言語刺激をジーニーが受けることはほとんどなかったという。

空腹になるとジーニーは呻き声を上げたが、父親は怒り、彼女を何度も殴った。父親はこうしたときでもジーニーにことばをかけてやることをせず、野生の犬のような唸り声を上げてジーニーを威嚇し、黙らせようとした。

ジーニーが閉じ込められていた部屋には二つ窓があったが、その一つの上の部分が一〇センチメートルほど開いているだけで、あとはすっぽり覆いがされていた。その窓のほかは、薄暗い裸電球が天井からぶら下がっているだけだった。おもちゃらしいものはなく、ジーニーの視覚・聴覚・触覚の発達を促進するような刺激は最低限しかなかった。

食事も制限されていた。最初は母親が与えていたようだが、母親が視力を失ってからは、父親が食事を与えることが多かったらしい。ジーニーとの接触をできるだけ最小限にとどめようとする父親は、ジーニーにできるだけ早く食事を済ますことを強要した。ジーニーがのどを詰まらせると、さんざん殴ったという。

こうした状況に耐えられなくなった母親は、ついにジーニーをつれて家を飛び出す。その後ジーニーは保護され、病院に収容された。そして、両親は告発される。裁判の当日、父親は「世界は俺のことをまったくわかってくれない」ということばを残して自殺した。

保護後の状況

保護されたとき、ジーニーは自分の足で立ったり、食べ物を噛んだりすることもできなかった。いつも裸にされていたので、外界の温度変化に対しても反応しなかった。ほとんど声を出すこともなかった。二、三の単語と、禁止や命令のことばの抑揚は理解しているようだったが、それ以外の言語はジーニーにはなかったと考えられた。

病院に収容されたジーニーは、短期間に体も大きくなり、認知的な発達も遂げる。ヴァインランドという非言語的認知テストでは、七か月間の間に、一五か月児のレベルから四七か月児レベルまで上がったという。情緒面でも、徐々に発達がみられていった。

ジーニーはその後、養女として一般家庭にひきとられ、ゆっくりであるが、少しずつ言語も習得していく。ただ、ジーニーの言語発達には、通常の言語発達と大きな相違点もあった。

ジーニーの音声言語発達

発声を厳しく禁じられていたジーニーは、保護されたとき、言語を発話することが身体的にできなかった。私たちは言語音を発するために、声帯や咽頭など発声器官の動きをコントロールし、声道を通る空気の流れや量を調節しなくてはいけないのだが、これがジーニーにとってはたいへん難しいことであった。ジーニーは、言語音を発することを学ぶどころか、言語音を発しないように仕向けられていた。周りの人間との相互コミュニケーションがまったく欠けていたのである。

ジーニーは、音を知覚することはできても、産出することが非常に難しかった。少しずつ言語音を発することができるようになってはいったが、それでも正常のスピーチとは程遠いものであった。ジーニーの発話には、イントネーションがまったく欠けていた。ピッチの幅も非常に少なく、一様に非常に高いままであったという。

ジーニーの語彙発達

ジーニーは、同じ言語段階にある幼児に比べ、ずっと速いスピードで語彙を習得していった。幼児の場合、語の意味を一時的に拡張して使ったり(例えば、動くものをすべてcatで言い表す)、いわゆる基本語の習得が先になる(基本語flowerをroseやtulipより先に覚える)といったことが起こるが、ジーニーの語彙発達は必ずしもそのような傾向をもたなかった。

その一方で、統語(文法)的な発達は遅かった。通常の子どもたちは、三〇語から五〇語の語彙を習得すると二語文を作りだすのが通常だが、ジーニーの場合、二語文を作りだした段階では、もうすでに少なくとも一〇〇語から二〇〇語程度の語彙を習得していた。つまり、二語文への移行が遅かったといえる。

また、英語のように、主語・述語・目的語の語順を基調とする言語を習得している幼児の場合、最初の三〇語から五〇語の語彙の多くは名詞で占められるのが通常だが(英語の場合はほぼ七五パーセント)、ジーニーの場合には、名詞と同じ程度の割合でblue, silly, goなど形容詞や動詞が含まれていた。この割合は、奇しくも日本語を習得している幼児の平均とほぼ同じである。日本語の場合、動詞の割合が比較的高いのは、日本語の文型が主語・目的語・述語の形をとっていることと関係していると考えられている。ジーニーの初期の語彙に、名詞以外の品詞の割合が高かった理由ははっきりしない。

ジーニーの統語発達

正常の環境下で育つ幼児の場合、二語文の段階は二週間から六週間程度続くが、ジーニーの場合は五か月以上も続いた。また、通常の幼児の場合、二語文の語と語の関係は、Dat mine（それ私のもの）といったような等価関係であったり、主語‐動詞・目的語であったりといろいろな組み合わせがみられるのだが、ジーニーの初期の二語文は、ほとんどの場合、yellow balloon（黄色い風船）や big feet（大きな足）など、名詞に修飾語がついたものや、Marilyn bike（マリリンの自転車）など所有格が名詞についたものであった。その後、徐々に、Mark paint（マークがペンキを塗る）などの主語‐動詞や、love Marilyn（マリリンが好き）などの動詞‐目的語の組み合わせをみせるようになるが、第一人称(I)が主語にくることはなかった。

ジーニーは長い二語文期を経て、三語、四語を組み合わせるようになっていく。ここでは Valerie mother coat（ヴァレリーのお母さんのコート）など、同じ言語発達レベルの幼児がふつうはあまり言わないような、認知的に少し複雑な内容を口にした。

その後もジーニーの統語の発達は通常の幼児と比較してスピードが遅く、その習得パターンもしばしば大きく異なっていた。例えば、英語の否定形の発達は、通常次のような段階を踏むと考えられている。

（1）文外に否定要素が付け加えられる　No want milk.
（2）文内に否定要素が付け加えられる　I not want milk.
（3）助動詞 do が使われたり、isn't などの否定の短縮形が用いられたりする　I do not want milk.

しかし、ジーニーは三年近くも第一段階にとどまっていた。その後、第二段階と第三段階が混在する形で否定形が使われた。

ジーニーの発話には、定冠詞(the)と不定冠詞(a)の区別がなかった。また、ジーニーの発話には形態素(三単現の -s や複数形の -s、過去形の -ed などの文法要素のこと)が欠如していた。また、以下のような通常の言語習得ではみられない語順の誤りもみられた。

Boy is picture.

I like animal have bad cold.

さらに、ジーニーの発話には三人称代名詞が使われなかった。唯一使われた代名詞は、I, you, me だけだったが、you と me は絶えず混同して使われた。これは、自閉症やその他の精神的な問題を抱える子どもにもみられる傾向だという。

ジーニーは結局、成人の英語話者が話すような英語を身につけることができなかったといわれ、第一言語習得における臨界期の存在を示す証拠としてしばしば言及されてきた。しかし、心理的なトラウマや栄養不足による発達上の問題など、言語習得開始年齢以外の要因が彼女の言語習得に与えた影響を、完全に排除することはできない。

3　手話の発達と習得開始年齢

自然言語としての手話

異なった時期に第一言語を習得し始めることがある例に、ろう(聾)の子どもたちの手話習得がある。

心理学者ニューポートは、第一言語として手話を習得した子どもたちについて、習得を始めた時期の違いと手話の習得状況を比較した。当時（一九八〇年代後半）のアメリカでは、ろうの子どものわずか五〜一〇パーセント程度がろうの両親から生まれ、生まれたときからアメリカ手話（ASL）に接していた。残りの大多数は、健聴者の親から生まれ、手話に対する知識の不足などの理由から、手話習得の開始が遅れるケースが多かったのである。

手話は、日本語や英語と同様、自然言語の一つと考えられている。つまり、手話は人工的に作られたものではなく、ろう者の間で自然に発生していった言語であり、他の音声言語と同様な表現力と、複雑な文法体系をもつ。また音声言語と違って手の動きを媒介としているが、音声言語と同じ習得プロセスをたどることが知られている。

手話習得開始時期と習得との関係

ニューポートらは、生まれたときから手話に触れているネイティブ手話者、四〜六歳で手話の習得を始めた早期学習開始者、一二歳以降に手話の習得を始めた後期学習開始者の三つのグループの手話の習得状況を比較した。いずれのグループも同じろう学校に在籍した経験をもっていたが、当時は学校で正式に手話を教えることはなく、友達同士で手話を使うことで手話に触れていた。すべての被験者が三〇年以上手話を使っており、被験時の年齢は三五歳から七〇歳であった。習得状況としては、文法と形態素の習得度(理解と産出の両方)を調べた。その結果、習得開始の時期が遅くなるにつれて、習得の度合いが下がっていることがわかった。

ニューポートらの結果で注目しておきたい点が二つある。一つは、ネイティブ手話者と早期学習開始者の間で、すでに統計的に有意な違いがみられたということである。つまり、もし臨界期というものがあるとすれば、四歳以前の可能性があるということである。二つ目は、検証した八項目の中で、語順については差がみられなかった一方、形態素に関わる七項目では差がみられたという点である。

同じく、生まれたときから手話に接しているネイティブ手話者、二〜七歳の間に手話の習得を始めた早期学習開始者、一〇〜二〇歳の間に手話の習得を開始した後期学習開始者の間の手話の習得に注目したエモレイらの研究でも、動詞の形態素の習得に違いがみられた。ニューポートの研究同様、ネイティブ手話者と早期学習開始者との間にすでに違いがみられたという。

一方、アスペクトに関してはグループ間に違いがみられなかった。アスペクトとは、動作や状態の完成度・様相(完結しているのか、継続しているのかなど)を示す文法要素のことである。

アスペクトは動詞の形態素と比べ、より文の意味と深く関わっていることから、エモレイらは、習得開始時期は統語情報処理には影響を与えるが、意味情報処理には影響を与えないと結論した。実は習得開始年齢が統語情報処理と意味情報処理に異なった影響を及ぼすという見解は、最近の脳科学の研究からも指摘されている。

このように、手話の習得についての研究では、非常に開始時期の早い学習者でも、生まれたときから手話を習得している人との間に違いがみられた。ただ、文法項目によって、違いの出たものとそうでないものがあった。

これまでみてきたように、手話を含む第一言語の習得には何らかの年齢的な制約があることは確かなようだが、データが乏しく、臨界期の特定には至っていない。

第3章

第二言語習得にタイムリミットはあるか

第二言語習得と習得開始年齢の関係については、多くの実証研究が行われてきた。それらをみるかぎり、第一言語習得の場合と同様、何らかの年齢的な制約があることは確かなようだ。しかし、臨界期に関しては、一致した見解があるわけではない。まず、臨界期がどの言語分野（音声、文法、語彙など）に存在するのかという点で、研究者により主張が異なる。音声面でしか臨界期は存在しないと主張する研究者もいれば、言語分野別に複数の臨界期が存在すると主張する人もいる。また、臨界期の存在を主張する研究者の間でも、その時期については、かなりのばらつきがある。

さらに、先行研究の大部分は、ヨーロッパ言語を母語および第二言語にもつ被験者の間で行われたものなので、その結果をすべての言語に当てはめられるかどうかについても、まだ不透明な部分が多い。

1　子どもの耳は本当に優れているのか

習得開始時期と外国語アクセントの強弱

まず、音声面からみていこう。子どもはどうやら外国語の発音を身につけるのが大人より優れていそうだということは、多くの人が何となく感じているだろう。はたして、それは事実なのだろうか。

第1章では、臨界期とはもともと動物行動学からきた概念で、脳生物学にもとづいているということをみてきた。また第2章では、赤ちゃんは生後すぐから言語音に敏感に反応しており、最初のことばを発する前にさまざまな音韻の習得をしていることを紹介した。

結論からいうと、発音など音声の習得に関しては、第二言語習得開始が早いほど有利であることを支持する研究結果が多い。しかし、研究が進むにつれ、言語習得開始年齢と音声の習得との関係はなかなか複雑であることもわかってきた。

一九七六年に発表されたオヤマの研究は、初期の研究の典型例といえる。オヤマは、イタリアから英語圏に移民してきた人たちの外国語アクセント(なまり)を調べた。被験者の移民時の年齢と外国語アクセントの強さの平均を図3・1に示している。移民時の年齢が

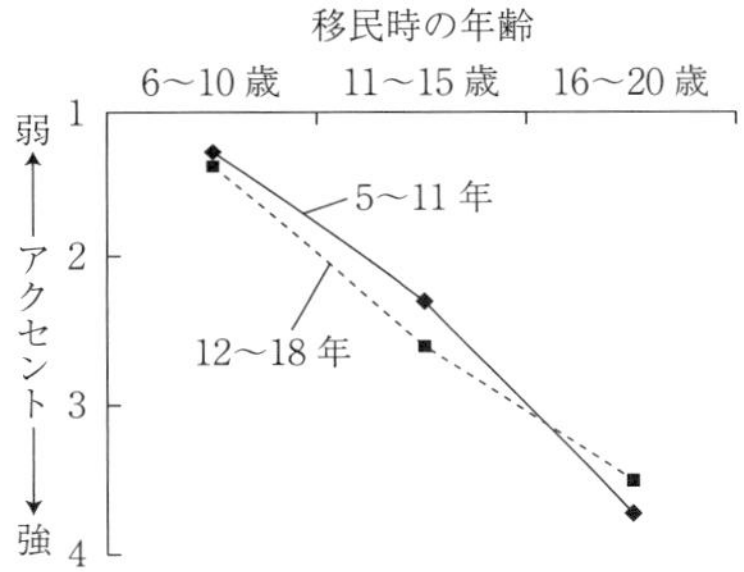

移民後5〜11年のグループと12〜18年のグループに分けている.

図3.1 移民時の年齢とアクセントとの関係(オヤマによる)

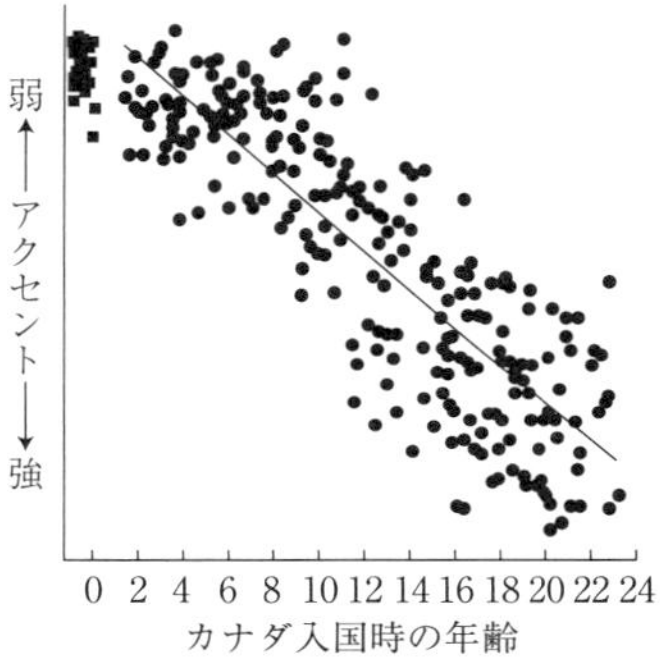

図 3.2　外国語アクセントと学習開始時期との関係(フレーゲによる)

高くなるにつれて、外国語アクセントが強くなっていることがわかる。オヤマは被験者を、移民後五〜一一年のグループと一二〜一八年のグループに分けているが、この結果をみるかぎり、移民後の年月はあまり大きな影響を与えていないようだ。

その後、フレーゲらが音声言語習得と臨界期に関する多くの研究を行っている。二歳から二三歳の間に英語圏カナダに移住したイタリア系移民を対象に、外国語アクセントの度合いを調べた結果を図3・2に示した。被験者は、研究当時、全員がカナダに最低一五年は在住していた。図の左端に並んでいる四角は、比較のための英語の母語話者である。ここでも、オヤマの結果同様、カナダ入国時の年齢が高くなるにつれて外国語アクセントが強くなっていることがわかる。

図3・1や図3・2では、アクセントの度合いは、第二言語圏への入国時の年齢が上がるにつれ、一直線状に強くなっていっている。急にアクセントの度合いが強くなっていく折れ曲がりのようなものは見当たらない。このデータは、第1章のハクタの臨界期の定義(図1・3)に

よれば、年齢的な制約がある(つまり、開始年齢と何らかの関係がある)ことを示していても、臨界期の存在を証明してはいないということになる。

アクセントの強度と学習開始年齢との相関に関しては、似たような右肩下がりの結果が他の研究者からも報告されている。

母語と第二言語のトレードオフ

フレーゲらは、思春期どころか、英語圏への入国時の年齢が五歳でも外国語アクセントは残るとしている。入国年齢が三歳でも、さらには一歳でも、アクセントは残り、もう母語話者のようにはならないという研究者もいる。第2章でみたように、生後一~二年の間に母語の習得に特化するためのさまざまな変化が起こっていることを考えると、これはそれほど不思議ではないかもしれない。ただし、これらの報告においては個人差が大きいこともわかっている。

フレーゲは、非常に早い時期に学習を開始した学習者にも外国語アクセントが残るという結果から、母語の使用頻度が第二言語のアクセントに影響を与えていると考えた。すなわち、母語の使用頻度が少なくなったり、極端な場合、母語を喪失してしまったりすると、第二言語の外国語アクセントが低くなるというのである。この仮説をフレーゲはスピーチ学習モデルと名づけた。

フレーゲによると、第二言語の外国語アクセントが強まるのは、年齢が上がるにつれ、正確な発音を習得する能力が衰えるからではなく、母語の音に大量に触れることにより、母語の音韻システムをより強固に確立するからだという。つまり、母語と第二言語とはトレードオフの関係にあるというわけだ。

習得開始時期だけが問題なのか

発音への影響を調べた研究をもう少しみていこう。

アブラハムソンは、スペイン語を母語としスウェーデン語を第二言語とする被験者を対象に、発音の指標の一つであるVOT（voice onset time）と言語習得開始時期との関係を調べた。VOTとは、/p/や/b/など一度口を完全に閉じる音（閉鎖音）を発声する際に、口を閉じてから声帯の振動が始まるまでの時間のことをいう。これは有声音（英語なら/b/、/d/、/g/）と無声音（/p/、/t/、/k/）の区別をするための重要な指標の一つである。つまり、VOTを測定すると、第二言語話者の発音が母語話者に近いかどうかを客観的に判断できる。

その結果、一五歳以下で習得を開始した早期習得開始者の場合は、VOTと習得開始時期との間に相関がみられたが、一五歳以上で習得を開始した後期習得開始者の場合には、相関はみられなかった。

さらに、韻律に注目したホアンらによれば、開始年齢による違いは、個々の音の発音だけでなく、ピッチや強弱などの韻律特徴にもみられるという。

このように、習得開始時期による影響を指摘する研究は多い。しかし、研究方法に注意して結果を比較してみると、どのような音声タスクを第二言語学習者に試すかによって、違う結果がもたらされていることがわかる。会話など、自由度の高いタスクでは外国語アクセントが知覚されやすいのに比べ、単音や単語のリストを発音するようなタスクでは、習得開始時期が遅くても母語話者とたがわなく発音できていると判断されるケースが多いのである。自由度の高いタスクで外国語アクセントが知覚されやすいのは、意味や文法処理など発音以外の言語的要素がからんでくるため、認知的な負荷が高くなるからだろうと考えられる。

したがって、習得開始時期がどの程度、習得に影響しているかは、まだまだ不明な点が多い。フレーゲのいうように、母語の使用頻度や、第二言語のインプットの量や質、第二言語でどれくらい母語話者のような発音をしたいと望んでいるかなど、さまざまな要因が複雑に影響していると考えられるからだ。

2 大人は第二言語の文法をマスターできない？

文法習得における臨界期

統語・形態素（文法）の習得と習得開始年齢との関係は、音声の習得よりさらに複雑である。ジョンソンとニューポートが行った統語・形態素習得における臨界期の研究はたいへん有名であり、言語習得の臨界期をめぐる研究に大きな影響を与えたので、少し詳しくみていくことにしよう。

被験者は、三歳から三九歳までの間にアメリカに渡った、中国語または韓国語を母語とし英語を第二言語として習得した人たちである。アメリカに入国したときの年齢によって、統語・形態素の習得状況に違いがあるかどうかが検証された。

統語・形態素の知識の測定には、文法性判断テストが使われた。これは、文法的に正しい文と文法的に正しくない文を、読むかまたは聞いて、正しいかどうかの判断をするものである。文法的正誤の判断をするだけのタイプもあれば、間違っている場合に間違いを修正するタイプのものもある。

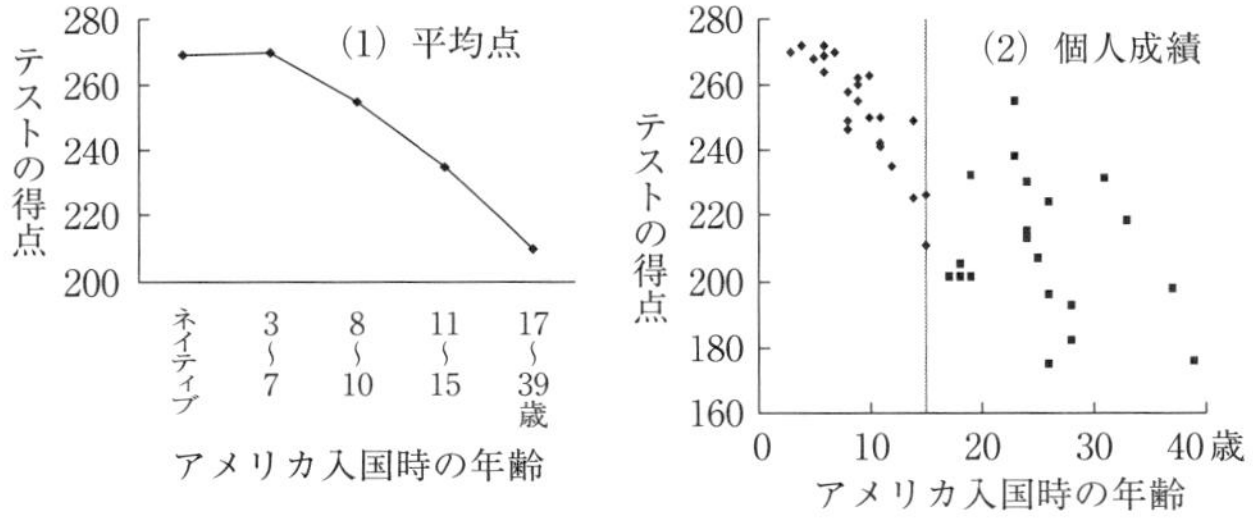

図 3.3 学習開始時期(アメリカ入国時の年齢)と文法性判断テストの成績(ジョンソンとニューポートによる)

文法的正誤の判断だけを行うタイプのテストは(特に時間制限をつけて行う場合)、意識化されない文法能力を測る方法とも考えられている。例えば、母語話者の場合、何となく間違っているのはわかるのだが、どこがどのように間違っているのか具体的に指摘できない場合もあるだろう。これは、意識化されていない知識だと考えられる。ジョンソンとニューポートの研究では、四六人の第二言語学習者と、比較のため集められた二三人の英語の母語話者に、わずか一〜二秒間隔で、二七六もの英語の文を聞かせ、文法の正誤判断をしてもらっている。

文法性判断テストが示す臨界期

その結果が図3・3の(1)である。研究に参加した時点では、すべての被験者が最低三年間はアメリカに滞在していた。アメリカ入国時の年齢が三〜七歳だったグループは、英語母語話者とほぼ同等の点数だったのに対し、アメリカ入国時の年齢がそれ以上だったグループは、右肩下がりに点数が下がっていることがわかる。

図3・3の(2)は、同じデータの個々人の成績を表したものである。レネバーグの臨界期仮説(臨界期は思春期)にもとづき、思春期の前後で分けてみると、アメリカ入国時一五歳以下だったグループでは入国年齢と文法性判断テストの点数には負の強い相関があるが、思春期を過ぎてからアメリカに入国したグループでは入国年齢とテストの成績との間に相関はなく、個人差が大きい。

図3・3の結果をもって、ジョンソンとニューポートは、統語・形態素の習得は習得開始年齢の高まりにつれて下がるとし、小さな曲がり角は七歳ごろ、大きな曲がり角は思春期(一六歳と定義)にあると結論づけた。そして、レネバーグのもともとの仮説とは多少の違いがあるものの(レネバーグは、思春期までは習得度はフラットになると予想)、基本的に言語習得における臨界期の存在を肯定した。

興味深いことに、調査した一二の統語・形態素項目の中には、習得開始年齢との相関が強いものもあれば、弱いものもあった。相関の強いものとしては、a や the などの冠詞、複数形の -s、過去形の -ed などの項目だった。一方、相関の弱かったものとしては、三単現の -s や、現在進行形の -ing などだった。第2章で紹介したろう者の第一言語としての手話の習得でも、文法項目により、習得開始年齢との関係に違いがあったことを思い出していただきたい。

ジョンソンとニューポートの研究は多くの文献に引用され、統語・形態素習得における臨界期の存在を証明する研究の代表例として、後に続く研究に大きな影響力をもった。この研究では、アメリカでの滞在年数や、アメリカ入国以前の学習経験などの要因は、統計上、有意な影響を及ぼさなかったことが報告されている。

しかし、その方法や解釈に関して、いくつかの重大な問題点も指摘されている。こうした問題点に関しては、あらためて第4章で詳しくみていくことにする。

3　母語と第二言語の語彙習得はトレードオフの関係？

日本在住台湾人生徒の語彙習得

語彙の習得と学習開始時期の関係に関する研究は、音声や文法分野に比べるとまだ非常に少なく、不明な点が多い。第2章でも触れたが、母語話者の間でも、語彙知識には大きな個人差があり、何をもって母語話者の語彙能力とするかの判断が難しいのである。

李は、日本における中国語と日本語のイマージョン・プログラムに在籍する台湾人生徒を対象に、母語（中国語）と第二言語（日本語）の両方の語彙習得を検証している。非ヨーロッパ言語話者を対象としている点でも、希少なデータである。

イマージョン・プログラムとは、バイリンガル教育の一種で、基本的には、教科学習の五〇パーセント以上を第二言語で行い、二つの言語におけるリテラシー（読み書きなどの能力）の習得をめざすものである。さまざまなタイプがあるが、プログラムに共通しているのは、第二言語を単なる語学として学習するのではなく、教科内容の習得を中心目標としながら、言語的な側面にも注意を払うことで、言語、教科内容、文化理解のすべての習得をめざすという点である。

李は、対象の生徒たちを、来日時の年齢により、三つのグループに分けた。就学以前（七歳以前）に来日した早期来日グループ、七歳から一〇歳の間に来日した中期来日グループ、そして、敏感期以降（李の研究では一一歳と定義）に来日した後期来日グループである。実験時には、全員中学一年生（ただし、日本の学校とは違い、実際の年齢は一五歳）であった。

この三つのグループの日本語と中国語の語彙力を比較した結果が図3・4である。

早期来日グループでは、第二言語である日本語の語彙力の方が、中国語の語彙力より優れていた。一方、後期来日グループの生徒の間では、中国語の語彙力が強く、中期来日グループの間では、日本語と中国語の語彙力に違いはなかった。

ここで重要な点は、後期来日グループは、母語でも十分な語彙力を維持していただけでなく、習得期間が他のグループに比べ短かった割には、第二言語の語彙力も、学年相当のレベル(七年生のレベル)に近づく程度にまで達していたという点である。

李は、これらの生徒たちの語彙力の発達を高校三年時まで継続調査した。その結果、後期来日グループでは、母語と第二言語の両方において、語彙力の健全な伸びがみられたが、早期来日および中期来日グループの間では、第二言語の語彙は伸びていったものの、母語の語彙の伸びは思わしくなかった。

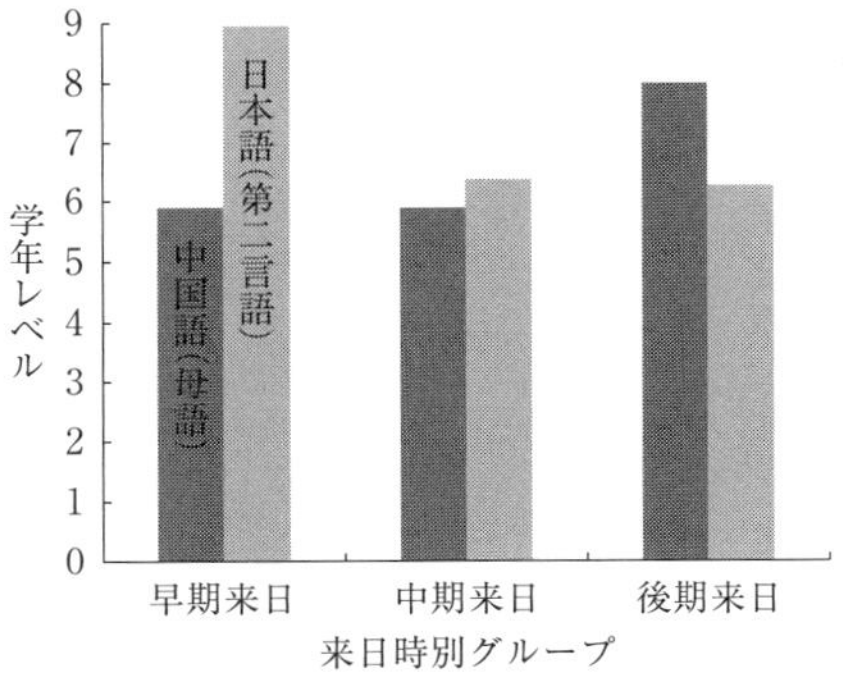

図3.4　中学1年時の在日台湾人生徒の語彙力(李による)

アメリカ在住の日本人生徒の語彙習得

李の研究と似たような結果は、アメリカ在住で日本語補習校に在籍している日本人生徒を調査した片岡らも報告している。アメリカの日本語補習校とは、週日は現地校に通う生徒たちが、週末に数時間、日本語教育を受けるところである。

片岡らが児童生徒の日本語と英語の語彙力(および文法能力)を調べた結果、アメリカ入国時八歳以下のグループでは、在米期間が三年を超えると、日本語より英語の語彙力の方が強くなるが、入国時九歳から一一歳の子どもたちは、在米期間が三年を過ぎても、日本語・英語の両方の言語で、学年相当の語彙力を維持していることがわかった。

李や片岡らの研究結果は臨界期とどのように関係づけられるだろうか。彼らが研究対象としている語彙力や文法能力には、学校教育や読書習慣など、臨界期仮説が前提としている脳生物学的な要因以外の要因が大きな影響を及ぼしていると考えられる。例えば、両方の言語で高い語彙力を維持することのできていた習得開始時期が九〜一一歳ごろのグループの場合、その年齢が第二言語の語彙習得に脳生物学的に適しているというよりは、その年齢になると母語での読み書きの基礎が確立しているため、第二言語環境に置かれても、母語による読書の習慣などが維持されやすいことで、母語の語彙も増やしていけているのではないかと予想される。何らかの理由で、九〜一一歳ごろまでに、母語の読み書き能力を十分に身につけることのできなかった人たちの間では、違う結果が得られたかもしれない(母語の読み書きの役割に関しては、第6章でもう一度考える)。

コロケーションの習得

李や片岡らが調査に使ったテストには、学校教育で必要な語彙知識を問う設問が多く含まれていたが、違うタイプの語彙力を調べた研究では、まったく異なった結果が出ている。その一つがコロケーションという語彙知識だ。

ある種の語は、別の語と慣習的・確率的に一緒に使われることが多い。例えば、日本語ではスープは飲むものだが、英語では eat soup（スープを食べる）だし、風呂は入るのではなく take a bath だ。こうした語と語のつながりをコロケーションという。

コロケーションの中には、結びつきが非常に強く、慣用句化しているものもあれば、結びつきが比較的緩やかなものもある。Go banana を「頭がおかしくなってしまう」という意で使う際には、バナナを別の食べ物に置き換えるわけにはいかない。

語と語の結びつきが比較的緩やかなものもある。例えば、可能性は「高い・低い」で、見込みは「ある・なし」、公算は「大きい・小さい」である。同じように英語でも good possibility や strong possibility といった形容詞と名詞の結びつきは自然だが、多くの英語母語話者にとって high possibility は少し違和感があるだろう。同様に、good likelihood や strong likelihood は大丈夫だが、high likelihood はすわりが悪い。ただ、こうしたタイプのコロケーションの判断は、語によっては、個人差や地域差、世代差などもあり、複雑である。日本語でも、公算が「高い・低い」に違和感がないという人もいるだろう。

研究者がコロケーションに注目するのは、第二言語習得者にとって、コロケーションの習得が難しいと考えられているからである。コロケーションは、大量のインプットを得ることで、無意識的に習得していくケースの多い語彙知識だと考えられ、そのような潜在的な知識の習得は、子どもの方が優位ではないかと予想されている。

英語では、ラジオの場合は、I listen to the radio と定冠詞 the がラジオの前につくが、テレビの場合は、I watch TV で慣習的に定冠詞を伴わない。こうした知識は、冠詞つきの radio や冠詞抜きの TV を伴う文をたくさん聞くことで、何となく体得していく。ただ、語の結びつきはすべてランダムというわけではなく、ある程度予想ができるものもある。日本語の「可能性」の場合は、「~性」がついていることから、「高い」「低い」がくる確率が高いことが予想できる。

アブラハムソンとヒルトンシュタムは、スペイン語を母語とし、スウェーデン語を第二言語とする者の中で、スウェーデン語の母語話者とあまりたがわないほどの高い第二言語能力を身につけた人を対象に、さまざまな言語および認知テストを施行した。スウェーデン入国時一一歳以下だった早期学習開始者の間でも、慣用句において母語話者のレベルに達したのは、五八パーセントにすぎず、ことわざにいたっては一七パーセントにとどまった。スウェーデン入国時一三歳以上の後期学習開始者の場合、その割合がさらに下がり、慣用句で二〇パーセント、ことわざで一〇パーセント程度にとどまった。つまり、母語話者と見間違えるほどの高い熟達度をもつ第二言語話者の間ですら、慣用句やことわざに関しては、母語話者と大きな開きがあったというわけだ。

語彙知識の習得と、学習開始年齢との関係は、研究の絶対数が非常に少ないこともあり、まだまだ未知数だ。すでに何度も触れたように、語彙知識に関しては、母語話者の間での個人差も非常に大きい。どのようなインプットを得たかにも大きく左右されると考えられ、なかなか探究の難しい分野でもある。その中で、コロケーション知識の習得は、潜在的知識の習得と年齢との関連性を探る一つの手掛かりとして、興味深いテーマであることは間違いない。

4　臨界期は複数存在する？

言語分野間の関係

いままで、音声、統語・形態素、語彙と分野ごとに別々にみてきたが、分野間の関係はどうなのだろうか。グラネナとロングは、スペイン在住の中国系移民を対象に、スペイン語の音声、統語・形態素、語彙の習得状況と習得開始時期との関係を調べた。図3・5はその結果を示している。スペイン入国時三〜六歳だった早期習得開始グループ、入国時七〜一五歳の中期習得開始グループ、入国時年齢が一六〜二九歳の後期習得開始グループの三グループに分け、比較のためスペイン語の母語話者にも参加してもらっている(図の左端の◆)。横の点線は、スペイン語母語話者の最低ラインを示している。また縦の点線は、スペイン語母語話者と同程度の成績を残した第二言語習得者の中で、入国時の年齢が一番高かった人の入国時年齢を示している。グラネナとロングは、これを臨界期ととらえた。

音声、語彙、統語・形態素の三つの分野それぞれで、臨界期の時期が違っていることがわかる。発音では五歳あたり、語彙・コロケーションでは九歳あたり、そして統語・形態素では、一二歳あたりとなっている。また、それぞれの言語分野の中でグループごとに直線（回帰直線）の角度が違っていて、習得との関係が異なっていることがわかる（以下に述べるように、相関が統計的に有意でないところも多い）。

発音の場合、早期習得開始グループの直線の傾斜が一番大きく、その後に入国したグループでは傾斜は緩やかになる。入国時の年齢と発音の習得との相関は、早期習得開始グループでは統計的に有意だが、その他の二つのグループでは有意に達していない。この研究では証明できないが、グラネナとロングは、発音習得の臨界期が〇歳から三〜四歳の間にある可能性をほのめかしている。ずいぶん早いといえるだろう。

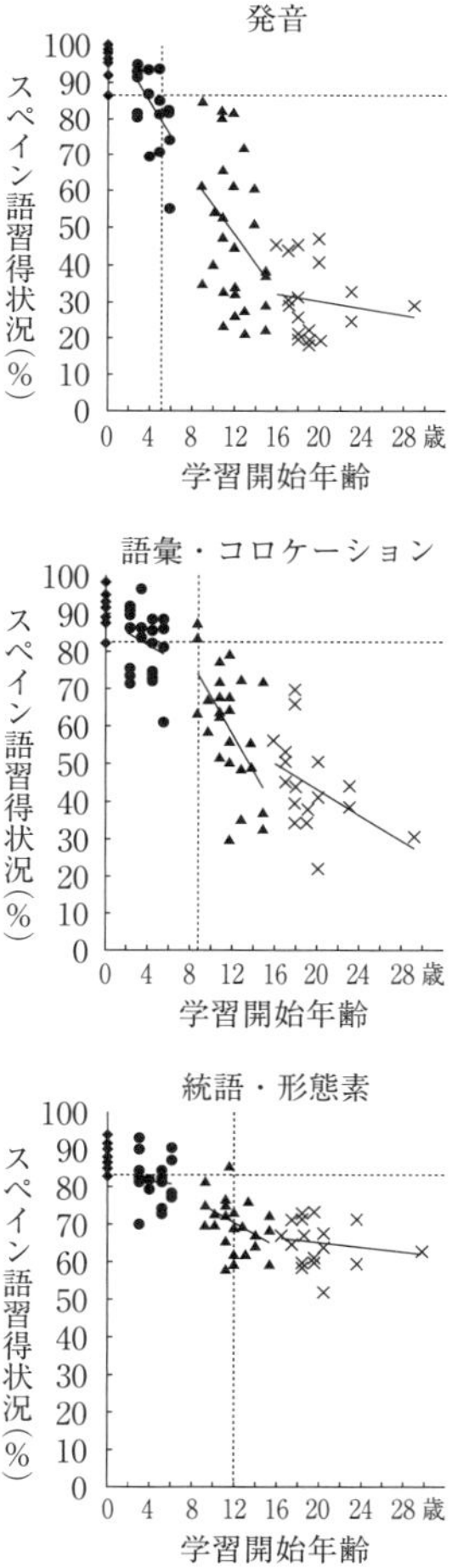

図 3.5　中国系移民のスペイン語習得状況（グラネナとロングによる）

語彙・コロケーションの分野では、臨界期が発音より遅くなり、八〜一〇歳ごろで急激に習得状況が下がる。これは、中期習得開始グループに相当する。早期習得開始者、および後期習得開始者に関しては、習得開始時期との間に統計的に有意な相関はみられなかった。

統語・形態素の習得における臨界期は、語彙・コロケーションよりさらに遅くなり、一二歳ごろになる。グループごとの直線の傾斜の違いも小さく、中期習得開始グループ内でのみ、習得開始時期との間に、統計的に有意な相関関係がみられた。

これらの結果を総合して、グラネナとロングは複数の臨界期があると主張している。彼らは、語彙・コロケーションの臨界期が統語・形態素より早いのは、語彙の習得が一つ一つの記憶の蓄積作業であり、こうした潜在的学習に関わる能力は、年齢により衰えるからだと推測している。ただ、なぜ統語・形態素の習得では、潜在的学習の衰えの影響が出るのが遅くなるのか、それとも潜在的学習とは別のメカニズムにより遅くなっているのかは不明確である。また、グラネナとロングは発音習得の臨界期が早い理由にも言及していない。

前に紹介したアブラハムソンとヒルトンシュタムの研究でも、複数の言語分野にまたがった調査をしている。発音に関しては、スウェーデン入国時一歳や二歳であった被験者でも、母語話者レベルに達していない人もいた（入国時五歳以下のグループの約三人に一人が母語話者レベルの発音を習得していないと判断された)。その一方で、入国時の年齢が一二歳を過ぎたグループ内でも、母語話者なみの発音を身につけている人は、非常に少数派になるものの、存在しないわけではない。

ただ、前にも言及したように、母語話者とほぼたがわない発音や聞き取り能力を身につけている被験者の中でも、後期習得開始者(入国時の年齢が一二歳以上)の場合は、統語・形態素や語彙・コロケーション分野を含むすべての分野で母語話者と同じレベルに達した人はいなかった。早期習得開始者の間でも、すべての項目で母語話者と同レベルの基準に達した人は少なかった。

この結果をもって、アブラハムソンとヒルトンシュタムは、詳細に言語能力を検査すれば、後期習得開始者が母語話者レベルの言語力を身につけたケースはないとし、早期習得開始者の間でも、その可能性は、一般に考えられているよりずっと低いと主張している。

母語と第二言語とのトレードオフ

先に、第二言語における音声の習得は、母語の音声の習得とトレードオフの関係にあるとするフレーゲのスピーチ学習モデルを紹介したが、第二言語の習得を母語の維持との関連で説明しようとする学説はほかにもある。マックウィニーの競合モデルやパリヤーの干渉モデルなどがその一例である。それぞれの学説の詳細は割愛するが、こうした説によれば、年齢が高くなるにつれて第二言語の習得が難しくなるのは、母語が確立していくことに起因している。

ただ、統語・形態素に関しては、第二言語の統語・形態素を母語話者なみに習得した学習者の中に、母語の統語・形態素の知識も母語話者のレベルを維持している学習者がいたという報告もある。つまり、必ずしもトレードオフ関係ではないらしい。

第二言語と母語との関係性を正確に理解するには、まだまだ実証研究が不十分であるといえるだろう。

5　脳科学は救世主となるか

脳活動の測定

最近では、脳科学から、言語習得と臨界期の問題にせまろうとする研究も盛んになってきている。その背景には、脳の活動を測定する技術の進歩が挙げられるだろう。子どもや赤ちゃんにも適用できる測定が技術的に可能になってきたことが、その要因となっている。

言語習得に関する脳研究で比較的よく使われるテクニックには、脳電図(electroencephalograph, ＥＥＧ)、事象関連電位(event-related potentials, ＥＲＰｓ)、脳磁図(magnetoencephalography, ＭＥＧ)、機能的磁気共鳴画像(functional magnetic resonance imaging, ｆＭＲＩ)、近赤外線分光法(near-infrared spectroscopy, ＮＩＲＳ)などがある。

脳内で発生した電気活動を、電位から測定しようとするのが脳電図であり、電流の磁場から測定しようとするのが脳磁図である。事象関連電位は脳電図の一種である。脳電図は、時間分解能に優れており、比較的安価で測定できることもあって音節や語などの刺激に対する反応や、意味分析の研究によく用いられる。脳磁図は、時間分解能だけでなく、空間分解能にも優れているが、いまのところ脳電図に比べてかなり高価である。

脳の神経細胞が活動すると、その部位の血流中の酸素量が変化する。この酸素量の変化を測定することで、脳の活動部位をとらえる方法が、機能的磁気共鳴画像である。この方法は、非常に優れた空間分解能をもつ。ただ、脳のニューロンの活動はミリ秒単位で起こるが、機能的磁気共鳴画像は数秒ごとでしか把握できない。機能的磁気共鳴画像の測定には、体を動かさず、装置が発生する大きな音に耐える必要があるため、いまのところ、乳幼児の測定にはあまり使われていない。

脳活動によって変化する血流中のヘモグロビンの量を近赤外線によって測定するのが、近赤外線分光法である。脳への負担が少ないので、乳幼児や子どもへの使用も増えてきているが、機能的磁気共鳴画像と同様、時間分解能にはあまり優れていない。

言語習得との関連では、例えば、音声または文字による言語刺激を与え、それに反応した脳活動電位（事象関連電位）を、頭皮上に設置した電極で計測する方法が使われる。刺激が与えられてからある決まった時間をおいて特徴的に表れる反応を分析することで、被験者の認知プロセスを解明しようとするのである。

言語に関係する事象関連電位として、次のようなものが知られている。統語・形態素の文処理を反映しているとされるのが、刺激呈示後、一五〇〜五〇〇ミリ秒たって左前頭部に出現する陰性波（LAN）である。刺激呈示後五〇〇〜九〇〇ミリ秒たって頭の中心から頭頂部の広範囲に現れる陰性の波形（P600）は、統語または文処理における統合の役割を果たしているといわれている。ただ、P600は文の統語的逸脱だけでなく、談話的逸脱、ひいては音楽的逸脱などの際にも出現することがわかっており、おそらく言語に限らず、刺激が既存の構造からはみ出している際の処理に関連していると考えられる。一方、文の意味処理に関わると考えられているのが、刺激が呈示されてから三〇〇〜五〇〇ミリ秒後に出現する陰性波（N400）である。

脳の活動からみた臨界期の問題

初期の事象関連電位研究では、統語・形態素の習得において習得開始時期と習得との関係を示し、臨界期の存在を示唆するものがいくつか報告された。例えば、ウェバーフォックスとネビルは、中国語を母語とし英語を第二言語とする被験者を対象に実験を行い、早期習得開始者(第二言語習得開始時一一歳以下)だけが、統語・形態素処理の際に、母語話者と同じLANとP600を示したと報告している。一方、意味処理に関しては、習得開始時の年齢にかかわらず、母語話者と同様のN400がみられた。

同じ研究者らによる別の報告によると、前置詞、冠詞、指示形容詞など、統語処理が必要な場合には、習得開始時期が七歳以上のグループでは、脳活動が母語話者とは違っていたという。一方、名詞・動詞など意味処理に関しては、この限りではなかった。

統語・形態素と意味の処理にずれがあるという結果は、他の研究者からも報告されており、そうした結果を総合して、統語・形態素の習得は意味の習得とは独立したものであり、前者だけが、習得開始年齢の制約を受けるのではないかと考えられた。

習得開始年齢以外の要因

しかし、以上で紹介した初期の研究では、第二言語の熟達度という要因が、しばしば考慮されていないという問題点があった。早く習得を始めた人の方が、往々にして熟達度が高いため、この二つの要因は混同されやすい。言い換えれば、遅く学習を始めた人は、熟達度が低い傾向がある。初期の研究で、後期習得開始者の脳活動が母語話者と異なる結果が出ていたのは、彼らの第二言語の熟達度が低いことが要因となっていた可能性がある。

スタインハウアーらは、第二言語の習得開始年齢の遅い人たち(一二歳以降で学習を開始した人たち)を、熟達度の高いグループと低いグループに分けた。そして、中国語とフランス語を母語にもつ二つの英語学習グループで検証を行った。中国語とフランス語は、統語上、異なったタイプの言語とされる。統語処理を伴うタスクを行ってもらったところ、母語がいずれであるかにかかわらず、第二言語の熟達度の高いグループでは母語話者と同じ事象関連電位のパターンが観察された(LANの後にP600の主成分波)。一方、第二言語の熟達度の低いグループでは、P600しか検出されなかった。LANは、自動的な統語処理に関わると一般に考えられている。そこで彼らは、熟達度の低い学習者は、統語逸脱した文の処理を、母語話者のように自動的に行うことができない一方で、熟達度の高いグループでは、学習開始時期にかかわらず、母語話者のような自動処理ができているのではないかと解釈している。

第一言語と第二言語の文処理が、共通の一つのシステムなのか、それとも独立したシステムなのかに関しては、研究者の間でも共通見解がない。しかし、最近の脳活動の研究をみるかぎり、習得開始時期の遅かった学習者でも、第二言語への接触度が増え、熟達度が上がるにつれて、統語・形態素処理の際に母語話者と同じ脳電位活動を示すようになるようだ。

第二言語習得の際にどのような指導を受けたかも、脳の活動パターンに影響を及ぼすと主張する研究者もいる。暗示的な指導(文法法則を明示的には示さず、インプットを大量に与えて、帰納的に法則を体得する方法)を受けた学習者は、母語話者と似たような脳活動パターンを示しやすいという。

一方、意味処理に関しては、習得開始時の年齢との関連性は、脳活動に関するかぎり、見当たらなそうだ。だが、脳の活動パターンが母語話者と同じだからといって、母語話者と同じ言語能力を習得している保証は何もない。脳内の活動と、実際の言語活動との関連性はまだまだブラックボックスの中にある。

第4章

習得年齢による右下がりの線

——先行研究の落とし穴

第二言語習得において、臨界期または何らかの年齢的制約の存在を支持する研究の多くは、開始年齢が高くなるにつれて、言語習得の度合いが下がっていくという、右下がりの線を描くデータを根拠にしていた。しかし、そのような解釈に問題はないのだろうか。

1　年齢と習得期間のジレンマ

研究者を悩ます変数統制のジレンマ

いままでみてきたように、先行研究の多くが、移民を被験者にし、第二言語環境に入った時期を習得開始時期と判断している。そして、彼らに一定の習得期間を与えた後、なんらかの言語タスクを行ってもらい、その出来具合を比較する(または脳の活動を調べる)といった実験方法を採用している。しかし、この研究デザインには、致命的な問題点がある。それは、言語習得に影響を及ぼすと考えられる重要な要因、すなわち習得期間と実験時の年齢の統制を同時に行うことができないというジレンマである。

臨界期の検証実験には、習得開始時の年齢、習得期間、実験時の年齢という三つの因子が関わっている。そしてこれらの因子には、以下のような関係が存在している。

実験時の年齢 ＝ 習得開始時の年齢 ＋ 習得期間

いま、仮に被験者に一律五年の習得期間を与えたとしよう。習得開始年齢の影響を調べようとすると、実験時の年齢を一定に保つことはできない。逆に、実験時の年齢を一定にしようとすると、今度は習得期間がばらばらになってしまう（表4・1）。

表 4.1 一定の習得期間を与えると，実験時の年齢と習得開始年齢は独立にならない

実験時の年齢	＝	習得開始年齢	＋	習得期間
10 歳	＝	5 歳	＋	5 年
15 歳	＝	10 歳	＋	5 年
20 歳	＝	15 歳	＋	5 年
25 歳	＝	20 歳	＋	5 年
30 歳	＝	25 歳	＋	5 年
35 歳	＝	30 歳	＋	5 年
40 歳	＝	35 歳	＋	5 年

実験時の年齢に潜む落とし穴

第3章で紹介したジョンソンとニューポートの統語・形態素の習得に関する研究（一九八九年）は、非常に影響力の大きいものであったが、被験者の実験時の年齢の違いによる影響の可能性を完全に払拭できないとの批判がある。

この実験当時、思春期以前にアメリカに来た被験者グループの大部分は、大学の一年または二年生だった（一八〜一九

歳)。一方、思春期以降に来たグループは年齢がずっと高く、四〇歳をゆうに超えていた者もいた。

この研究で使われた文法性判断テストは、以下のような文について、細かい文法の正誤を判断させるものだった。しかも、次から次へとわずか一〜二秒間隔で、二七六項目も耳だけで聞いて判断するのである(以下の例はすべて文法的な誤りがある)。

(1) The farmer bought two pig at the market.
(2) A bat flewed into our attic last night.
(3) The man climbed the ladder up carefully.

これは、かなりの認知能力と集中力を要求するタスクだといえるだろう。被験時に年齢の高かった人たちの点数が低かったのは、文法知識が本当に身についていなかったからなのか、それとも、このタスクが要求するリアルタイムで瞬時に情報を処理していく能力に問題があったからなのかが不明である。少なくとも、後者の要素を完全に排除することはできない。一般に、リアルタイムでの情報処理のスピードは、一〇代半ばまで急速な勢いで増えるが、その後、伸びは緩やかになり、二〇代後半から三〇歳を過ぎてくると徐々に落ちてくることが知られている。

被験者にあまり時間を与えない形でテストを行うのは、文法への直感力を測りたいという研究者の思惑があるからである。ただ、時間制限を設けたからといって、被験者が直感だけで判断しているという保証はない。

また、情報処理の負担の多いタスクは、逆に年齢が低すぎても、集中力が限られるなど言語能力以外の要因の影響が出てしまう可能性がある。

過小評価されてきた「習得期間」の影響

習得期間は、第二言語のインプットの量を反映する要因として扱われてきたが、比較的最近まで、あまり重要な要因であるとはみなされなかった。その一因として、第3章で紹介したジョンソンとニューポートによる研究で、習得期間が統計的に有意な因子でなかったことが挙げられるだろう。英単語（例えばripやlipなど）の初めにくる/ɹ/と/l/の音を日本人英語学習者がどのように産出するかを調べたラーソン＝ホールの研究でも、習得期間は短期的には発音に影響するが、長期的には影響を及ぼさないと報告している。

従来、五年から長くても一〇年程度の習得期間が与えられれば、その学習者の言語力はそれ以上伸びないとみなされてきた。しかし、スティーブンによると、移民してから五年以上経過した後でも、習得期間は習得に影響力をもつ可能性があるという。例えば、斉藤とブラジョは、日本人英語学習者の英語の語頭の/ɹ/の産出を調べるために、複数のタスクを導入し、詳細な音響分析を行った。その結果、自由に発話をしてもらうタスクでは、習得期間が発音に影響を与えていることがわかった(具体的には、フォルマントの一つであるF_3に習得期間による違いが出た)。語のリストを読み上げるタスクの場合とフリーの発話を行う場合とでは、前者の方が外国語アクセントが知覚されにくかったことを思い出していただきたい(第3章)。自然の発話の方が、本当の習得の度合いを反映しているともいえるだろう。斉藤らの研究では、母語話者から継続的に大量のインプットが得られる環境にあれば、習得期間が長くなるにつれて発音がさらに向上する可能性を示している。

同じ「習得期間」の中で統制されていないこと

仮に、習得期間を統制したとしても、まだ複雑な問題が残る。同じ習得期間でも、年齢によって、学習者が得られるインプットの質や、目標言語を習得しようという動機などが異なるからである。同じ年代の人たちは、就学、進学、就職、結婚など人生の主要なイベントを、比較的同じ時期に同じように経験する。例えば、幼少で新しい国に移民したグループは、同じような時期に学校へ上がり、第二言語で授業を受け、第二言語で友達を作り、新しいコミュニティへの帰属動機も一様に高くなるという傾向が強い。一方、成人してから移民したグループは、同じ五～一〇年の習得期間中でも、早期に移民してきたグループとは人生体験が異なる。母語を話す仲間と仕事をともにし、結婚相手も同じ母語を話す人かもしれない。大人になってからは、このような人生経験の個人差も大きいだろう。つまり、同じ時間でも、与えられるインプットの量と質の双方で、年代により大きく違う経験をしていると予想できるのである。

実際、言語習得にインプットの質が重要な影響を与えていることが報告されている。音声の習得に関しては、インプットを主に母語話者から得たかどうかや、どのくらい母語を使っているかによって、発音の習得に違いが出ることが報告されている。例えば、フレーゲとリュウの研究では、母語話者から多くのインプットを得た学生のグループでは習得期間が発音習得に影響を及ぼしたが、母語話者からのインプットをあまり得なかった非学生のグループでは習得期間は影響を及ぼさなかった。フレーゲの別の研究では、習得開始の早かった被験者（習得開始年齢が平均五・七歳）の間でも、母語の使用程度が発音習得に影響を及ぼしていたことが報告されている。早期習得開始者でも、母語であるイタリア語の使用頻度が三〇パーセントを超えたグループでは、三パーセント以下のグループに比べ、強いイタリア語アクセントが知覚されたのである。

こうした研究からも、習得期間を統制するだけでなく、その期間のインプットの質や量も、十分に考慮する必要があることがわかる。インプット量の指標とみなされてきた「習得期間」という変数が、言語習得にあまり影響を与えないのは、インプットが重要でないことを示しているのではなく、そもそも習得期間という因子自体が、インプットの量と質を把握するには「信頼できない」変数だからだとモイヤーは指摘している。

2 言語能力をどう測定するか

妥当性と信頼性

先行研究の第二の問題点は、言語能力の測定方法である。被験者の言語能力を測定するために、さまざまなタスクやテストが用いられてきたが、その妥当性や信頼性について疑問が呈されている。

妥当性とは、タスクやテストが測定するべき能力を、どの程度適切に測定できているかを意味する。例えば、ブラジルから日本に来て日も浅い児童に、算数のテストを日本語で受けさせたとしよう(実際このようなことはしばしば起こっている)。もしこの児童が、算数は理解していたのにもかかわらず、日本語力がまだ低いため、設問の日本語の意味がわからず、正解が得られなかったとしたら、このテストでの点数は、この児童の算数の理解度(つまり、このテストが本来測定しようとしていた能力)を反映していないことになる。

一方、信頼性とは、同じ被験者に同じ測定法を用いたときに、どの程度同じ結果が測定できるかである。例えば、英語のスピーキング・テストで、採点基準が厳密に規定されていないがために、採点者によって、同じ生徒の点数が大幅に変わってしまったら問題である。

文法性判断テストの妥当性

文を聞いたり読んだりして、それが文法的に正しいか誤まっているかを判断するのが文法性判断テストである。このテストは、母語話者がもっているとされる直感的な文法能力(説明することができない、つまりメタ言語化できない言語知識)を測るテストとして、使用されることも少なくない。特に、第1章で紹介した理論言語学アプローチをとる研究者の間では、普遍文法にアクセスできるかどうかを調べるツールとして、非常によく使われてきた。

しかし、文法性判断テストが本当はどのような言語能力を測定しているか、明確な共通見解があるとはいえない。少なくとも、設問内容や設問形式、また被験者の実験時の年齢や習得開始時期によっては、文法性判断テストが必ずしも被験者の直感的な文法能力を正確に反映するとは限らないのである。

以下も、ジョンソンとニューポートの実験の設問の一部だが、両方とも文法的に正しくない。

（1） Tom is reading book in the bathtub.
（2） Larry went the home after the party.

（1）は book の前に不定冠詞の a が抜けており、逆に（2）は home の前の定冠詞 the が余分だ。しかし、この形式では、文法的に誤りだと判断できても、その判断理由の正当性（何をもって文法的に誤りと思ったのか）までは確認できない。誤まった理由で正解しているケースもありうる。

その一方で、ジョンソンとニューポートのテストで問われている統語・形態素の知識自体は、非常に単純なものなので、被験者間の文法知識の違いをきちんと拾い上げることができなかった可能性があると指摘する研究者もいる。

西川は、日本で日本語を第二言語として習得している人たちを対象に、「虎に蹴られている牛の絵」のような、関係代名詞の理解・産出に関する、認知的に複雑な言語タスクを使った研究を行った。そして、四歳以下で日本に来た被験者でも、日本語母語話者とは結果に違いが出たと報告している(ただ、この研究では、対象が小学生から大学生まで多岐にわたっており、西川自身、タスクが複雑すぎて年齢の低かった被験者の中にはタスク自体の理解が不十分だった可能性があると述べている)。

いずれにせよ、設問が本当に被験者の能力の違いを反映できるように作成されているかどうかは、他の研究でもしばしば問題となっている。何をもって母語話者の文法知識とするのか、そしてどのようなタスク・設問を使えば、それを把握できるかに関しては、研究者の間でもまだ、共通見解があるわけではなく、難しい課題である。

アクセント判断の信頼性

発音の習得を検証するのに、母語話者に外国語アクセントの度合いを判断してもらう方法が頻繁に用いられている。ここではまず、審査する側の判断が一定であるかどうか、何らかのバイアスがないかどうかの確認が重要となる。審査者がそもそも発音の審査というタスクにどれだけ慣れているかにより、結果に影響が出かねない。ボンガーツらは、発音審査の経験のある審査員と未経験の審査員とでは、判断結果に統計的に有意に異なる結果が出ることを示した。ホアンとジュンによると、審査経験のある母語話者は、未経験の母語話者や上級の非母語話者に比べ、母語話者と非母語話者の発話の聞き分けが正確だった。

審査経験以外にも、一定の外国語アクセントに馴染みがあるか否か、審査者自身の外国語学習経験、住んでいる地域や年齢などによって、審査者の判断にばらつきが出る可能性を排除できない。また、審査者が多くの被験者の発音を審査しているうちに、だんだんと疲れてきて、最初の方に判断した人と後に判断した人との間で判断基準がずれてしまったりしては、信頼性が脅かされてしまう。

審査者のこれらの要素がどの程度影響するかに関しては、最近さまざまな研究が行われているが、影響はほとんどないとする報告もある一方で、言語の組み合わせによっても、バイアスの有無や度合いに違いがあるとする報告もある。そのため、実験報告では、審査者の判断がどれだけ一致していたのかの確認をすることが不可欠である。

産出タスクでは、すでに触れたように、単語や短い文のリストを与えられて読む場合と、自然な会話上での発音を審査する場合とで、結果に大きな差が出る可能性がある。単語のリストでは母語話者と聞き分けができないと判断された被験者でも、自然発話の中では外国語アクセントがあると判断されることが多いからである。そのため、研究者の中には、音声習得の度合いの判断には、自然な状態で発話してもらうのが最適だと指摘する人もいる。

しかし、自然発話を実験に使うには、問題もある。自然発話には、発音、統語・形態素の知識、意味に関する知識(semantics)、コロケーションなどの語彙に関する知識、場面・状況に応じてどのようにことばを使うかといった語用に関する知識(pragmatics)などの言語要因のほかに、対話する相手の影響や話すトピックなどの非言語的要因が複雑に絡み合っており、分析が非常に複雑になるからである。発音だけを審査するにしても、審査者の判断に発音以外の要因が入り込んでしまう可能性がある。

これらの問題は、そもそも何をもって言語能力とするかに関して、研究者の間に共通認識がないこと自体が、一つの重大な要因になっている。第1章で述べたように、言語能力のとらえ方にはさまざまなアプローチがある。その結果、どのような理論的背景のもとに研究を行うかにより、分野(統語・形態素、音声など)やテストの内容、形式が違ってくるのである。

データ分析方法に関する問題

データの分析の仕方についても、さまざまな問題点が指摘されている。バードソングは、習得開始年齢と言語習得度の相関関係を調べた一〇の先行研究の結果を比較した。その結果、研究により、相関係数（ピアソンの積率相関係数、rで表す）はマイナス〇・四五から〇・七七にわたっていた。相関係数とは、二つの変数間の関係性の度合いを示したもので、マイナス一からプラス一の間で示される。プラスが正の相関、マイナスが負の相関（一方が増えると他方が減る）を示す。両者が独立であれば、相関係数は〇である。相関指数が〇・四五から〇・七七という結果は、ばらつきはあるものの、やや高い相関、ないし高い相関があるということになる。

ところが、〇・四五から〇・七七という数字は、すべての被験者の結果をまとめた場合の相関指数で、データを早期習得開始者と後期習得開始者というように分割して、それぞれのグループで計算してみると、研究によって大きな違いが出てくるという。

例えば、お馴染みのジョンソンとニューポートの研究（図3・3の（2））では、早期習得開始者（思春期以前に習得を開始）については、習得開始年齢が高まるにつれてテストの点数が急激に下がっており、習得開始年齢と統語・形態素の習得との相関指数はマイナス〇・八七と非常に高かった。一方、思春期以後に習得を始めたグループでは、個人差が大きく、習得開始年齢と習得度との間に相関は見出せなかった。

ジョンソンとニューポートの研究の被験者は、韓国語と中国語を母語とする英語習得者であったが、かれらの研究で使われた設問の一部を使い、ハンガリー語を母語とするグループで再検証を試みたディケイサーの研究では、早期習得開始者も後期習得開始者も、相関係数はマイナス〇・二四とマイナス〇・〇四で、ともに統計的に有意ではなかった。

同様に、バードソングとモーリスは、ジョンソンとニューポートとまったく同じ文法性判断テストを使って、スペイン語を母語とするグループの間で追実験を行った。

その結果は、早期習得開始者でも習得開始年齢と習得度の相関指数がマイナス〇・二四で統計的にも有意ではなく、一方、後期習得開始者の間では、マイナス〇・六九と高い相関指数を示した。つまり、ジョンソンとニューポートの結果とは反対に、早期習得開始者の間では年齢と文法性判断テストとの間に相関はなく、逆に後期習得開始者の間では開始年齢が高くなるにつれてテストの点数は下がっていたのである。

さらに、これらの研究では、レネバーグの臨界期仮説にもとづき、思春期を一五歳と仮定して、入国が思春期以前のグループと思春期以降のグループに分けてデータを分析していた。しかし、どこでデータを分割するかによっても、結果が異なる可能性がある。

ビアリーストックとハクタは、ジョンソンとニューポートが集めたデータを借りて、事前に分割点を一五歳と決めない手法でデータ分析を行ってみた。つまり、データから還元的に分割点を割り出すという統計手法を試みたのである。その結果、分割点は一五歳ではなく、二〇歳になった。二〇歳というのは、思春期と呼ぶには遅すぎるといえるだろう。

このように、言語能力の測定の仕方や分析の方法により、第二言語の習得度と習得開始年齢の関係については、異なる結果が導き出されている。

3　バイリンガル、母語話者のとらえ方

モノリンガル・バイアス

いままでみてきたように、多くの先行研究では、第二言語習得者に母語話者と同じタスクやテストをしてもらい、その結果を比較していた。つまり、母語話者を基準として、第二言語習得者がどの程度近いか、それともかけ離れているかを調べていた。しかし、そもそも、彼らの

言語能力を一直線上に並べ、同じ物差しで測ってよいものだろうか。

第二言語習得者は、バイリンガルであると考えられる。バイリンガルというと、二言語の両方を非常に流暢に操る人のイメージが強いが、昨今では、少しでも母語以外の言語を知っている人をバイリンガルと定義することが一般的となっている。

最近のバイリンガル研究では、言語Aと言語Bの二言語を話す人の言語能力は、それぞれの言語のモノリンガルの言語能力を二つ合わせたものではなく、言語Aを母語とする人の言語能力とも、言語Bを母語とする人の言語能力とも、質的に違っているものだという考え方が重視されるようになってきている。例えば、第3章で紹介したフレーゲのスピーチ学習モデルを思い出していただきたい。第二言語に触れることは、第二言語の音韻体系の構築につながるだけでなく、第一言語の音韻体系にも影響を与えるという仮説だった。つまり、第二言語を学ぶということで、もうすでにモノリンガルの母語話者とは、異なった音韻体系が構築されていることになる。音韻体系の習得だけでなく、他の言語分野においても、同じようなことが起きている可能性がある。

この考え方に従うと、バイリンガルの人たちの言語能力を、モノリンガルの母語話者の言語能力を基準にして、測定すること自体が間違っていることになる。ちなみに、バイリンガルの言語能力をモノリンガルの言語能力と同一視して、同じ基準で測定できるものだという考えを、モノリンガル・バイアスと呼んで、批判する研究者もいる。

もし、バイリンガルとモノリンガルの言語能力が、そもそも質的に違っているとしたら、第3章でみたアブラハムソンとヒルトンシュタムなどの研究結果（非常に高い第二言語能力を身につけた早期習得開始者でも、難易度の高いテストを多岐にわたって行ったところ、母語話者とすべて同程度のレベルに達した人は少なかった）も、それほど不思議ではなくなる。これは単に、バイリンガルとモノリンガルが、違うタイプの言語能力を身につけていることを示しているにすぎないと解釈することもできるからである。シングルトンは、比較は、第二言語習得開始時期の違うバイリンガル同士の間で行うべきであり、バイリンガルをモノリンガルと比較すべきではないと主張している。

移民時の年齢が習得開始時なのか

先行研究のさらなる問題点に、言語習得開始時の選び方がある。多くの先行研究では、いままで何度も言及したように、移民が新しい国に入国した時期を第二言語習得の開始時とみなし、さまざまな年齢で移民した人たちの第二言語習得の度合いを母語話者と比較するという研究方法をとっていた。しかし、人によっては移民時の年齢が言語習得の開始時とは必ずしもいえない。

移民時の年齢を言語習得の開始時とみなすことが慣例化した理由の一つに、非常に影響力のあったジョンソンとニューポートの統語・形態素の習得の研究で、移民以前に母国で受けた外国語としての語学学習の影響力が、あまり重要でなかったと報告されたことが挙げられるだろう。母国で受けた当該言語の習得開始年齢と文法性判断テストの点数との相関が、移民時の年齢との相関と比べると低かったのである。

しかし学習者によっては、移民以前の語学の学習を無視できない場合があると考えられる。ジョンソンとニューポートは、被験者の移民以前の語学の学習については簡単な自己申告にもとづく分析で、詳細な学習内容・形式まで把握していない。

特に、強い力をもつ国際語として認識され、全世界で幼少期から導入が進められ、人や地域によっては総力を挙げて学習されるようになった英語に関しては、母国での英語学習の影響力を自動的に無視することはもはやできないだろう。ジョンソンとニューポートの研究は一九八〇年代に行われたものだが、現在では、状況がかなり異なってきている。

さらに、いままでみてきたように、移民後の母語の使用量も、第二言語の習得度に影響を与えることがわかっている。このような個人の要因もすべて統制される必要がある。

以上のような状況を踏まえ、シングルトンとムニョスは、移民時の年齢ではなく、初めて本格的に第二言語に触れるようになった年齢を習得開始時に設定することを提案している。人によっては、移民以前にその言語の母語話者から徹底した言語指導を受けているかもしれない。一方、移民後初めの数年間は、自身の母語を話す環境に閉じこもり、第二言語の母語話者との接触が非常に制限されているケースもあるかもしれない。幼少時に移民した人の場合、就学後初めて第二言語に大量に触れるようになったというケースも少なくないだろう。

シングルトンとムニョスの提案は、確かに理に適っている。しかし、具体的にどのような基準で「初めて重大に第二言語に触れるようになった年齢」を決めるのかは、これまた、非常に複雑な問題である。

バイリンガル・バイアス

研究者の中には、被験者の選択におけるバイリンガル・バイアスを懸念する者もいる。バイリンガル・バイアスとは、マルチリンガル(複数言語を操る人)をバイリンガルの延長線上にとらえ、バイリンガルを少し複雑にしたものという認識でとらえていることの批判である。最近の研究では、第三、第四の言語習得が、さまざまな形で複雑に、母語および第二言語に影響を与えていることがわかってきた。複数の言語をどのタイミングで、どのような形式で、どの程度習得しているのか、また習得している複数言語の組み合わせによっても、互いの言語習得へ影響を与えているらしいことが、徐々にわかりつつある。つまり、マルチリンガルは、バイリンガルと必ずしも同質ではないということだ。

同様の指摘は、統制群である母語話者についてもいえる。生まれたときから当該言語を習得している人たちを母語話者として扱うことが多いが、暗黙のうちにモノリンガルとして扱われている人たちの中にはバイリンガルやマルチリンガルが潜んでいる可能性が高い。日本のような言語的に特殊な環境に住んでいるとなかなかピンとこないが、世界では、一つの言語しか話さないモノリンガルの方が、よっぽど少数派なのである。

複数言語の習得は、熟達度がそれほど高くない言語でも、母語や互いの言語に影響を与えるケースがあるという報告も出てきている。そうした点を考慮すると、被験者の選抜にあたっても、被験者の言語習得の背景への配慮がもう少し必要だという指摘には、説得力がある。

言語習得開始年齢の意味

臨界期の存在を探る先行研究では、最終的な言語習得の度合いが、脳生物学的な制約を受けていると仮定し、言語習得開始年齢と言語熟達度との関係を検証してきたわけだが、ここまでの議論で明らかなとおり、言語習得には、脳生物学的な要因だけでなく、ほかにも年齢とは切り離せないさまざまな要因が複雑に絡まっている。

以前に紹介したフレーゲは、言語習得開始年齢という変数自体が、本来、単純に数値化できるようなものではなく、複数の年齢に関わる要因が複雑に絡み合ったマクロ変数的なものだと主張した。そして、年齢に関わる要因として、(1)第二言語習得開始時の脳生理発達の状態、(2)第二言語習得開始時の認知発達状態、(3)第二言語習得開始時の母語の音韻範疇の発達状態、(4)母語の熟達度、(5)バイリンガル話者の主要言語(母語と第二言語のどちらが主要な言語か)、(6)母語と第二言語の使用頻度、(7)第二言語のインプットのタイプなどを挙げている。マルチリンガルの場合は、(3)から(7)の要素が複数の言語間で影響し合っていることとなる。

この章の初めに、言語習得への影響力が強いと予想できる主要な要因(習得期間と実験時の年齢)を同時に統制することができないというジレンマを説明した。習得期間だけでなく言語習得開始年齢も、フレーゲのいうように年齢にまつわるさまざまな要因の複合体であるとすると、いままでのアプローチでは限界がある。何か新しい角度から問題に挑むことが必要だ。読者が研究者だったら、どうするだろうか。

第5章

第二言語学習のサクセス・ストーリー

前章でみたように、習得開始年齢を独立変数として第二言語習得の度合いとの関連を調べようとする研究アプローチには問題がある。何か別のアプローチが必要だ。その一つとして注目されたのが、思春期を過ぎてから第二言語習得を始めたにもかかわらず、母語話者なみの高いレベルの言語力をつけた「語学の達人」である。彼らの存在は臨界期仮説に対する反証となるのだろうか。

1　大人から始めてもネイティブなみに話せるようになるか

アラビア語をマスターしたジュリー

思春期以降から学習を始めたにもかかわらず、例外的に高い第二言語力を身につけたと思われる「語学の達人」の熟達度を詳細に検証したケーススタディがある。その多くは、タスクやテストの結果の数量的な分析と、学習環境や動機などについてのインタビューなどによる分析を合わせたものとなっている。

そうした研究の代表格の一つに、イゥープとその共同研究者が一九九四年に発表したものがある。この研究で対象となったのは、二一歳でエジプト人の男性と結婚し、エジプトに移り住むことでアラビア語の習得を開始したイギリス人女性、ジュリーである。

ジュリーはエジプトに来た当初、ことばの違いだけでなく、さまざまな文化的ショックも経験した。それでも正式なアラビア語の授業を受けずに、生活を送る中で急速なスピードでアラビア語を習得していった。移住後四五日もしないうちに簡単な文や慣用表現を使いだし、三年もするとアラビア語でコミュニケーションをすることに支障がなくなったという。イゥープらの研究当時、エジプト滞在も二六年を迎え、母語話者とたがわない口語力を身につけていたという(ただ、ジュリーはアラビア語の読み書きはできなかった)。

アラビア語には非常に複雑な語形変化(形態素システム)があるばかりか、発音上も複雑な構造になっている。さらに、アラビア語の中でもエジプト方言はとても特徴的な談話形式をもっていて、他のアラビア方言の母語話者でもマスターするのが難しいといわれている。「母語話者に近い」レベルのアラビア語を身につけた学習者でも、エジプト方言特有の談話形式では違いが露見することが多いのだが、ジュリーはこれも見事にマスターしていたようである。

イゥープらは、ジュリーが正式なアラビア語の指導を受けることなく、日常生活の中で自然に習得したことに注目した。なぜならこの習得環境が、子どもが母語を習得する環境に近いと考えられるからである。

ジュリーはアラビア語の複雑な語形変化(屈折形態素)に伴う発音の変化も無意識のうちに身につけたというが、彼女の習得が完全に潜在的だったかというとそうではない。子どもが母語を習得する状況とは違い、ジュリーはノートをつけていた。最初は、意味を推測しながら聞いたことばをそのまま書きとめたままのものだったが、そのうち、別々のページに名詞、動詞、形容詞を分類して整理していた。語の意味が中心だったが、性、数、人称によって変化する形態素に関するメモもとられた。

ジュリーが間違った言い方をすると、周りの母語話者から明示的に直された。ジュリーは、こうして得たフィードバックをメモにとったり、心に刻みつけたりしたという。また、アラビア語の母語話者である夫に、わからないところは質問して確認した。

ジュリーのアラビア語力

では、ジュリーのアラビア語(口語能力)は、本当に母語話者のレベルに達していたのだろうか。イウープらは、ジュリーのアラビア語能力を数人のアラビア語母語話者だけでなく、やはり大人になってからアラビア語の習得を始めながら高い熟達度をもっていると考えられる別の学習者、ローラと比較した。

ローラはアメリカ人女性で、やはりエジプト人の夫をもつが、ジュリーと違ってカイロに来る前から大学で標準アラビア語をかなり勉強していた。留学経験も豊富で、アメリカの大学で博士号をとったときにはアラビア語のクラスの指導助手もしていた。つまり、ローラの場合は、アラビア語をかなり明示的な方法で学習し、また指導していたといえる。イウープらの研究に参加したときには、カイロ滞在が一〇年を超えていた。

アラビア語能力の検証は、スピーキング(自然な形で発話してもらう)、エジプト・アクセントの聞き分け、文法知識(直感的な知識)の三本立てで行われた。文法の直感力に関しては、読者もお馴染みの文法性判断テストに加え、翻訳タスク、照応表現(anaphora)の理解が試された。いずれも、設問の中には、母語話者でさえ多少戸惑うほどの難易度の高いものが含まれていた。

この中で、照応とは、Alice gave herself a present の herself が同じ文の Alice を指しているように、ある言語表現が、後にくる言語表現と同じ内容を示すとき、この後者にくる表現のことを指す。照応表現には、同じことばを繰り返し使う場合に加え、「彼」「彼女」などの代名詞や、「これ」「この」などの指示詞、そしてゼロ代名詞(すなわち省略)などが含まれる。照応表現の使われ方によっては、母語話者でも、それが何を指しているかを正確に解釈するのが難しい。例えば「モニカは花子を彼女が学校から帰ってきたときに見た」の「彼女」はモニカを指すのか、それとも花子を指すのか。また、この文で「彼女が」を省略したらどうか、といった問題である。

結論からいうと、発音、アクセントの聞き分け、文法力のほとんどの項目において、ジュリーとローラの両名とも、母語話者なみのアラビア語を身につけていたという。発音では過半数の母語話者の審査員が二人を母語話者と判断した。かなり精巧な耳をもった審査員だけが、わずかな外国語アクセントに気づいた。こうした結果にもとづき、イゥープらは、成人になってから習得を始めても、母語話者レベルの言語力を身につけることができる人がいると結論づけた。

その他の達人たち

ジュリーやローラは、特殊な例ではない。キンセラとシングルトンは、英語を母語とするフランス語習得者について報告している。

彼らの研究では、初めてフランス語に触れたのが一一歳以降で、集中的にフランス語に接するようになったのが二〇歳以降であったことを条件に、母語話者と同程度のフランス語を習得したと思われる(自己申告にもとづく)被験者二〇人を対象に、文法・語彙テストとフランス語地方アクセントの聞き分けテストを行い、フランス語母語話者と比較した。その結果、三人が母語話者レベルに達していると判断された。

この三人はいずれも、母語である英語をフランスで教えており、英語話者としてのアイデンティティを保っていた一方で、フランスに長期在住し(平均在住期間は二八・六年)、フランス人と結婚し、子どもをもうけ、家ではフランス語を話していた。つまり、フランス語やフランス文化に存分に浸り、フランス語を話す地域社会との密接な関係を常に保っていた。そして、フランスが自分の居場所だと認識しており、一生フランスに住み続ける意思があった。

このほかにも、ムニョスとシングルトンが調べたスペイン語を母語とする英語習得者のケース、モイヤーのポーランド生まれのドイツ語習得者、メイジャーによるアメリカ人ポルトガル語習得者、ニコロフのハンガリー人の英語習得者、およびドイツ語、ブルガリア語などを母語にもつ数人のハンガリー語習得者のケースなど、いろいろな言語の組み合わせによる事例が報告されている。

ただ、使われているタスクやテストがバラバラなので、研究間の直接比較は難しい。発音では、すでに触れたように母語話者による審査(感覚にもとづく判断)が一般的だが、メイジャーによるポルトガル語習得者のケースでは、客観的な音声指標であるVOT(第3章参照)も使われ、被験者の一人（二〇歳を過ぎてからブラジルに移住し、滞在歴一二年のアメリカ人女性）は、ＶＯＴでも母語話者の域に達していると判断された。

どの程度例外的か

では、こうしたケースは、いったいどの程度例外的なのだろうか。それとも、かなりの割合で存在するものなのだろうか。セリンカーは一九七〇年代に、わずか五〜一〇パーセント程度の成人学習者が、母語話者に近いレベル（near-native level）に達するといっている。この数値は、学習者の自己認識にもとづいて割り出された。もう少し最近では、バードソングが一九九九年の論文で、五〜二五パーセントと幅をもたせた発言をしている。最大値の二五パーセント程度まで本当にいくとすると、四人に一人という計算だから、もはや例外とはいえないだろう。その一方で、モイヤーは、発音習得に関しては、五〜一〇パーセントという見積もりでも甘いのではないかという。現実はもっと厳しいというのだ。

さらに、こうした成功者は、実は母語話者に近いレベルには達しているかもしれないが、母語話者と同じレベルではないのではないかと疑問を投げかける研究者もいる。このような見解の違いは、どのように母語話者レベルの基準を設定するかにもよっている。つまり、「母語話者なみの言語能力」とは何を指すかという問題である。

2　母語話者と非母語話者の境界線

母語話者レベルの設定

発音のチェックは、母語話者に審査してもらう方法が一般的である。さらに被験者としても、比較のため数人の母語話者に参加してもらうのがふつうである。このとき、母語話者の発話に対する審査員の判断が一〇〇パーセント一致していれば理想的だが、ふつうは母語話者の発話への判断にもばらつきが出てしまう。テストやVOTなど客観的な数値化したデータの分析においても、母語話者の被験者間で結果にばらつきが出るので、どこで母語話者と非母語話者の線引きをするのかが問題になる。

ばらつきを示す統計指標として標準偏差がある。先行研究では、母語話者の平均から二標準偏差下がった数値までを、母語話者レベルと定める方法がしばしば採用されている。正規分布では、平均点をはさんで、標準偏差の二倍の範囲に九五・四五パーセントが分布するので、この方法だと、母語話者のほぼ最低ライン(下から二・二七パーセント)を、母語話者のレベルと設

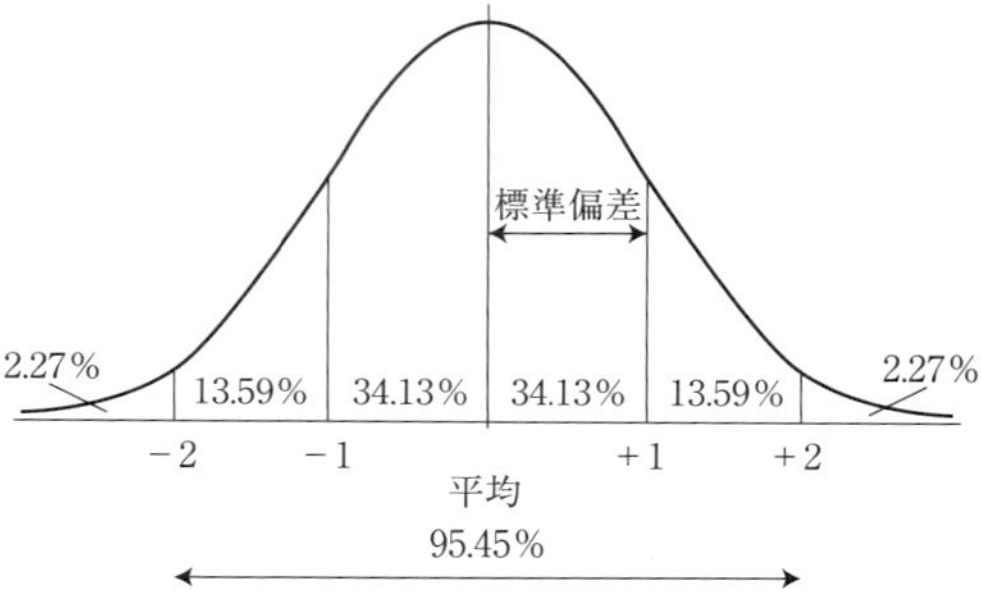

図5.1　正規分布

定していることになる（図5・1参照）。

母語話者のグループの最低点（そのままの点数、つまり素点）を母語話者のラインと設定している研究も少なくない。この場合は、平均点から標準偏差二つ分引いた範囲に設定する方法に比べ、少しだけ緩やかな設定となる。

語学の達人の言語能力

語学学習の成功者を扱った研究では、当然、かなり高度な言語能力を測ることになる。そこで問題となるのは、どのような言語能力が母語話者の言語能力で、それをどのように把握するのかということである。

第3章で紹介したアブラハムソンとヒルトンシュタムの研究は、非常に高い熟達度をもった成功者を調査したものとして、被験者の数が多くユニークなので、ここでもう少し詳しく紹介しよう。

この研究では、スペイン語を母語とするスウェーデン語学習者で、かなり上級またはほぼ母語話者レベルだと自認している一九五人が対象であった。被験者は一九歳以上の成人で、最低一〇年はスウェーデンに住んで、主にストックホルム方言に接し、高校卒業以上の学歴を有し、外国語アクセントや文法の間違いのない流暢なスウェーデン語が話せることが条件だった。ただ、習得開始時期は一歳から四七歳までと多岐にわたっていた。

まず、被験者にスウェーデン語で発話してもらい、それを一〇人のスウェーデン語母語話者に一〇段階で審査してもらった。ちなみに、比較のために審査を受けた母語話者二〇人のうち一八人が最高に母語らしいという一〇の評価を得、残りの二人が九の評価であった。

この研究の対象者は、全員かなりの上級者ばかりのはずであったが、その中でも、ずいぶん個人差があった。習得開始年齢ごとのグループをみると、習得開始時が五歳以下のグループでは、母語話者のレベルに達した者(九または一〇の評価を受けた者)が三五人(六六パーセントに当たる)、八以下の評価を受けた者が一八人であった。六歳以上一一歳以下ではそれぞれ三一人(五七パーセント)と二三人、一二歳以上一七歳以下ではそれぞれ五人(一六パーセント)と二六人となり、一八歳以上のグループでは九か一〇の評価を得た者は一人もいなかった。

この結果にもとづき、アブラハムソンとヒルトンシュタムは、六以上の評価を得た被験者の中から、性別・学歴などの要因が一定になるように統制した上で四一人を選び出し、さらに詳しい分析を行った。

発話のVOTの分析、VOTの異なる音の聞き分け、雑音がある中での聞き取りテスト、文法性判断テスト、文法・語彙・意味推測テスト、慣用表現のテスト(イディオムやことわざ)など、二〇種類にもわたるさまざまな言語テストが行われ、そのうちの一〇種類のテストの結果が彼らの論文に掲載されている。どのテストも、母語話者と母語話者に近いレベルを区別する、または母語話者に近いレベルの間の違いを把握することを目的としているため、非常に難しい設問からなっていた。

被験者四一人の結果を示したのが図5・2である。縦軸は、一〇のテストのうち、母語話者のレベルに達したものがいくつあったかを示している。例えば、習得開始年齢が一歳だった三人のうち、一〇のテスト中九のテストで母語話者レベルに達したのが一人、八の人が一人、五の人が一人だったことを表している。

図5・2からわかるように、一〇のテストすべてで母語話者レベルに達したのは四一人中わずか三人しかおらず、その習得開始年齢の最高は八歳であった。グループ平均は、初期習得開始者(習得開始年齢が五歳以下)が六・一、中期習得開始者(習得開始年齢が六〜一一歳)が五・八、後期習得開始者(習得開始年齢が一二歳以上)が三・五だった。前者二つのグループと後期習得開始

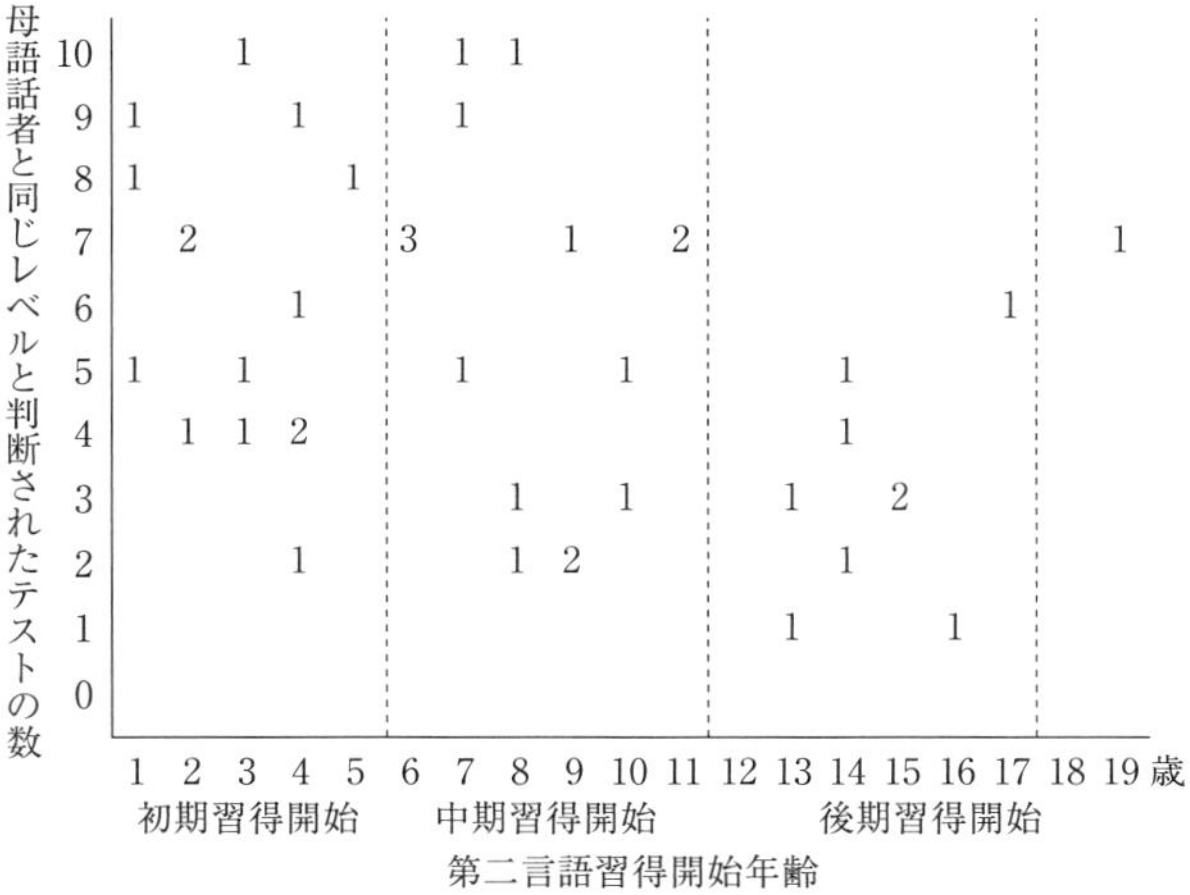

図 5.2 「母語話者レベル」のテスト成績と習得開始年齢（アブラハムソンとヒルトンシュタムによる）

者の間には、明らかな違いがある。

テストごとの詳細な分析からも、前者二つのグループと後期習得開始者の間には、異なったパターンが存在した。最初の二つのグループでは、文法関連のテストと発音関連のテストの結果が、ほぼ同じように高かった。後期習得開始者のグループでは、文法関連のテストが、（最初の二つのグループよりはずっと低いが）発音関連よりよくできていた。どのグループとも、慣用句やことわざなど語彙関連のテストの出来が一番悪かった。慣用句では、母語話者レベルに達した人の割合は、習得開始年齢が一一歳以下のグループで五八パーセント、一一歳以降のグループでは二〇パーセントであった。ことわざにいたっては、前者が一六パーセント、後者が一〇パーセントであった。

以上の結果をもって、アブラハムソンとヒルトンシュタムは、高い熟達度に到達できるかどうかには習得開始年齢が関係しており、後期習得開始者がすべての（またはほとんどの）言語分野で母語話者レベルに達することができる可能性は、限りなくゼロに近いと主張した。そして、この章の初めに紹介したようなケーススタディの多くが、臨界期仮説の反証として後期習得開始者でも母語話者レベルに達したとしているが、それは被験者の言語能力を十分に検証しつくしていないことによるものだと批判した。先行研究で使われたテストの多くが、母語話者レベルの熟達度を判定するにはやさしすぎる点も問題だとした。さらに、早期習得開始者の中でも、すべての言語分野で母語話者レベルに達している者はわずかであることを指摘し、早く習得を始めれば母語話者のようになれるという神話に警告を発した。

母語話者レベル、母語話者に近いレベル、上級者レベル

アブラハムソンとヒルトンシュタムは、第二言語話者を三つのレベルに分けた。「母語話者レベル」（すべての言語側面において母語話者と同様に第二言語が使える人）、「母語話者に近いレベル」（通常の言語相互交流（インタラクション）では、母語話者との聞き分け・見分けがつかないが、詳細

な言語テストを行うと、いくつかの点で非母語話者的な要素が判明する場合)、さらに、「上級レベル」(母語話者に近いが、通常のインタラクションで非母語話者的な要素が観察される場合)である。上記の研究結果は、習得開始年齢の早いグループの大半は、「母語話者に近いレベル」に達するが、「母語話者レベル」に達するのは、このグループでもまれだということになる。

このような考え方に賛同しない研究者もいる。例えば、第4章でも述べたように、バードソングはモノリンガルの物差しに当てはめてレベルを決めるアプローチそのものを批判している。

母語話者の言語能力とは

アブラハムソンとヒルトンシュタムのデータを注意深くみると、それぞれのテストにおいて、母語話者のグループ内にもかなり点数にばらつきがあったことがわかる。母語話者ですら点数がばらつくとすれば、ここで測られている母語話者レベルの言語能力とはいったい何なのだろうか。

ホールスティンは、成人の母語話者の言語能力を、基本言語認知(basic language cognition, BLC)と高度言語認知(higher language cognition, HLC)の二つのタイプに分けて考えるべきだと主張している。

ＢＬＣは、音声、統語・形態素に関する暗示的・無意識の知識と、明示的・意識的だが、そのプロセスは自動化している語彙に関する知識からなるという。ＢＬＣはリスニングとスピーキング分野に限定されたもので、読み書き分野での能力は該当しない。ＢＬＣは、(障害をもたないかぎり)すべての成人母語話者が有すると考えられる能力である。

これに対しＨＬＣは、ＢＬＣでは使われない使用頻度の低い語彙や複雑な文法をもつ音声言語、および読み書き分野に関する言語能力とされ、こちらは、家庭環境や教育歴などにより、母語話者の間でも、その習得度合いには違いがあるものと考えられた。ただＢＬＣとＨＬＣの境界は、実証的に明快に区別されているわけではなく、またＨＬＣには最終レベルがあるわけではないという(つまり、人間は、常に高いレベルまで登り続けていけるということだ)。

ＢＬＣもＨＬＣも、思考などの制御や作業記憶(ワーキングメモリー)をはじめ、さまざまな認知機能といろいろな度合いで結びついている。情報処理のスピードや自動化に関わる言語能力は年齢による制約を受けるが、他の認知能力に関わる言語能力は年齢というよりむしろ教育や読書量などによって変わってくる。このように考えれば、母語話者内の点数のばらつきは、ＨＬＣに関わる言語能力の違いを反映していると説明することができる。実際、アブラハムソンとヒルトンシュタムの研究でも、慣用句などＨＬＣに関わる可能性の高いテストでは、母語話者の点数のばらつきの幅が特に高くなっている。

ホールスティンは、第二言語の言語能力も、母語と同様に、BLCとHLCから成り立っていると主張している。HLCに関しては、母語と同様、被験者の教育歴などのバックグラウンドにより違いが出ることが予想できる。問題は、BLCだ。

第二言語学習者は、はたしてBLCに関わる言語能力を習得できるのだろうか。ホールスティンは、それはいまのところ明確ではないといっているが、これこそ、まさに臨界期仮説が明らかにしようとしていることのように思われる。ホールスティンの主張に従えば、臨界期の研究で検証する対象の中心は、むしろBLCになるべきだといえる。もしHLCに左右される言語能力を含めるなら、被験者の教育歴や読書量なども綿密に統制する必要がある。

3　サクセス・ストーリーに学ぶ秘訣

達人の共通要素

結局、先行研究で報告された語学の達人たちが、本当に「母語話者レベル」に到達していたのか、それとも「母語話者に近いレベル」であったのかは、いまのところ明確に結論づけられない。

母語話者の言語力をどのようにとらえるかは、臨界期仮説を検証するにあたり、理論的にはとても重要なことであり、今後も議論を続けていく必要があるだろう。しかし、いずれにせよ、達人たちが非常に高い第二言語能力を身につけたことは間違いない。そして、こうした達人たちが共通にもっている要素を洗い出すことは、志の高い学習者や指導者にとっては非常に有効な情報になるだろうと思われる。では、彼らにはどのような共通要素があったのだろうか。

言語適性

まず、やはり気になるのは、こうした達人たちはもともと語学学習への適性があったのではないかという点だろう。言語適性と習得との関係は、臨界期に関する研究にとどまらず、多くの研究者の関心をひいてきた。

言語適性は、言語習得に深く関わると予想される認知能力から成り立っている。言語適性の測定テストはいくつか開発されているが、一番有名なのが、ＭＬＡＴ(Modern Language Aptitude Test、言語適性テスト)だ。ＭＬＡＴでは、文法への敏感さ、音声符号化能力、記憶能力が測定領域として設定されている。もともと、第二次世界大戦中の英米で、外国語習得が堪能な人材を軍に登用する必要性から、ＭＬＡＴは開発された。

言語適性は伝統的な知能の概念と重なる部分も多く、その構成要素の妥当性をめぐって、さまざまな議論がある。比較的最近ではロビンソンが二〇〇二年の論文で、言語適性の構成要素に、音声作業記憶(phonological working memory)、情報処理スピード、パターンを認識・推測・符号化・記憶する力、自分の発話と模範との違いに気づく能力などを含めている。外界から入ってくる言語情報のパターンを効率よく認識したり、記憶にとどめたり、またスピーディに処理したりといった能力には個人差があるといわれ、こうした能力が言語習得に大きく影響していると考えられているのである。

言語適性が大人の第二言語習得に影響することはさまざまな研究から実証されている。一方、子どもの第二言語習得にも影響するのかどうか、そして影響するとしたらどの程度なのかはまだよくわかっていない。言語適性が、潜在的・無意識的な習得と、明示的・意識的な習得にどのように関与しているのかも不明である。

母語はどの子どもも問題なく習得を行うと考えられている(前述のホールスティンの説に従えば、少なくともＢＬＣに関する言語能力は、どの母語話者も身につける)。とすると、言語適性は母語の習得にはあまり関係なさそうだ。

第二言語の習得については、習得開始年齢が早いグループではなく、遅いグループのみで、言語適性との間に有意な相関がみつかったという報告がいくつかあるが、研究数が少なく、また適性がどの言語分野やタスクと関連するかといった点においては結果がまちまちである。言語適性と言語習得との関係は、年齢のほかに、熟達度やその他の要因も影響しているようで、当初考えられていたより、ずっと複雑なようだ。例えば、短期記憶に優れていることは、学習初期の語彙習得には適しているが、学習が進むにつれ、その効果のほどは薄れてくるといわれている。

残念ながら、達人のケーススタディでは言語適性との関連を組織的・直接的に調べたものが少なく、まだまだ不明な点が多い。

習得の秘訣とは

達人たちはみな口をそろえて、母語話者の発話を徹底的にまねし、自分の発話との違いに意識的に注意を向けていたと証言している。さらに彼らは、難しい発音に意識的に取り組み、発音の正確さにとことんこだわった。母語話者からの大量のフィードバックも受けとっている。

達人たちは、そうでない人たちと比べると、数多くの認知・メタ認知的ストラテジー(方略)

を使って習得をしており、その場に応じて適切なストラテジーを使い分けていた。さらに、達人たちは自分の言語熟達度を過小評価する傾向があり、常に自分の言語使用状況を意識的にモニタリング・自己評価して、さらなる向上をめざしていた。

達人たちが全員、第二言語習得への強い動機・意欲をもっていたことは、非常に特徴的である。彼らは、母語話者のような発音を身につけたいという強い願望を維持し、そうした高い動機づけが、さまざまなストラテジーの使用につながっていたといえる。

さらに、達人たちの多くは、第二言語環境の中で社会生活を送ることに自分のアイデンティティを見出していた。彼らは、積極的に母語話者の社会に溶け込んで、第二言語でのコミュニケーションを好んで行い、社交的で、リスクを取ることに抵抗がないという共通点がある。

報告されている多くの達人たちは、第二言語環境に長くいる人が多い。しかし、それは十分条件ではない。何年いても、第二言語の習得がほとんど進まない人もたくさんいるからだ。ただ、常にいろいろな場面で、第二言語に触れ、使う機会をもっていることは大切な条件となる。つまり重要なのは、単に第二言語環境にいる長さでなく、どれくらい密に第二言語のインプットを享受し、第二言語でコミュニケーションを行うかである。加えて、その第二言語が、学習者の人生にとって、どのような意味をもっているかという点も見逃すことはできない。

達人たちのケーススタディは、第二言語環境に長く住むことや、正規の授業を受けることや、幼いうちから語学学習を開始することといった、一般に語学をマスターするには欠かせないと信じられている要素が、必ずしも絶対に欠かせない要素ではないことを示唆している。第二言語環境に長く住むこと自体ではなく、第二言語にコンスタントに触れ、積極的に使い続けることが大切なのだ。成人の場合、正規の語学の授業を受けることは助けになるかもしれないが、ジュリーの例でみたように、授業を受けなくても習得は可能である。そして、習得開始年齢が遅くても、少なくとも、母語話者と聞き分け・見分けがほとんどつかない「母語話者に近いレベル」にまで到達することは不可能ではないことがわかる。

4　異なる結果の裏にあるメカニズム

第3章から、第二言語習得における臨界期の問題を概観してきた。たくさんの情報を詰め込んだので、ここでいままでの内容を少し整理しておこう。

量的分析を行っている研究の多くは、習得開始年齢と習得との間に負の相関、つまり、何らかの年齢・成熟による制約があることを示している。ただ、臨界期といったものが存在するのか、存在するとしたらそれはいつなのかといったことに関しては、研究者の意見は一致していない。

さらに、制約は音声面だけと主張する研究者から、言語分野別に複数の臨界期が存在すると考える研究者もいる。その一方で、習得開始年齢が遅かったのにもかかわらず、非常に高いレベルの熟達度をもった達人が存在するとの報告もある。ただ、彼らの熟達度が、はたして本当に母語話者レベルなのかに関しては、まだ議論の余地がある。

言語の習得には、習得開始年齢だけでなく、教育レベルや習得環境、そのほかさまざまな認知的・心理的要因などが複雑に影響していると考えられる。その結果、同じ年齢で習得を開始しても、習得の度合いには(ばらつき方に年齢による差はあるものの)個人差が生まれている。つまり、私たちの第二言語習得において、年齢が影響力をもっていることは紛れもない事実だが、その影響力は、他の要因によっても大きく左右されていると考えられるのである。

筆者の仮説――ダイナミックな年齢的制約

筆者は、年齢による制約は存在するが、臨界期のような特別な期間は存在しないと考えている。そして、その年齢的制約は、さまざまな要因と絡み合い、ダイナミックで複雑な様相を呈していると考える。ただしこれは、グラネナとロングらのいうように、言語分野ごとに複数の臨界期が存在するという主張とは違う。

先行研究を振り返ると、どの言語分野を扱うか、どのようなタスクやテストを使うか、どのような実験方法を採用するか、どのような被験者を対象とするかにより、ある時期を境に習得結果に折れ曲がりのようなものがみつかった研究(つまり臨界期があるとするもの)もあれば、そのような折れ曲がりをみつけられない研究もあった。習得開始年齢と習得度との相関の有無も、そしてその度合いも、研究によって異なっていた。ある一定の習得開始年齢までは相関が認められ、その後は相関がないとする研究もあれば、その逆パターンを報告する研究もあった。習得開始年齢と習得度との関係は、直線的だとする研究者も、そうではないとする研究者もいた。個人差の出方も研究により異なっていた。

これらの結果を総合してみると、ある一定の時期を臨界期として特定するのは無理だと思われる。分野ごとに別々の臨界期を特定するのも難しい。つまり、臨界期は一つであろうが複数であろうが、いずれにせよ、そうした「決定的な時期」を特定することは難しい。その代わり、筆者は、第1章で紹介した言語能力をダイナミックにとらえる考え方にもとづき、年齢が他の要因と複雑かつダイナミックな相互作用を繰り広げているのだと提案したい。

脳科学の研究から、私たちの脳は、時間の経過とともに直線的に発達するのではなく、多面的かつ複雑な発達を遂げることがわかっている。アイリングスによると、さまざまな脳機能は、それぞれ定められたスケジュールによって発達する。つまり、脳の発達は機能によって異なった年齢的制約を受けていると考えられるのである。例えば、図5・3の(A)と(B)のパターンで示したように、脳機能によって、それぞれ臨界期または敏感期と言われる時点も異なるし、脳の可塑性(plasticity)の度合いも、また可塑性の変化のパターンも異なっている。さらに、非常に豊かな環境の中で行われる「経験学習」とでもいうような学習は、年齢的な制約をあまり受けないか、または制約のパターンが他の機能とはかなり違っている。経験学習のようなケー

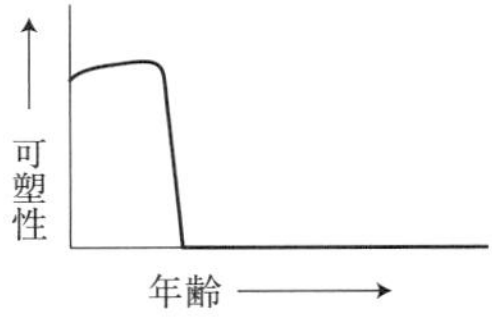

(A) 臨界期・敏感期パターンA

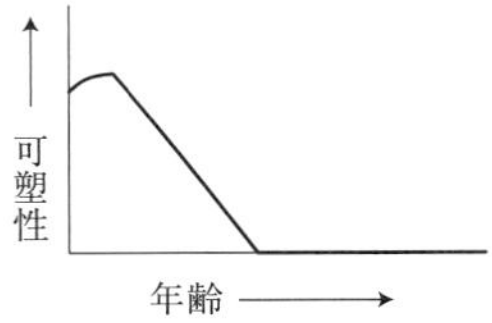

(B) 臨界期・敏感期パターンB

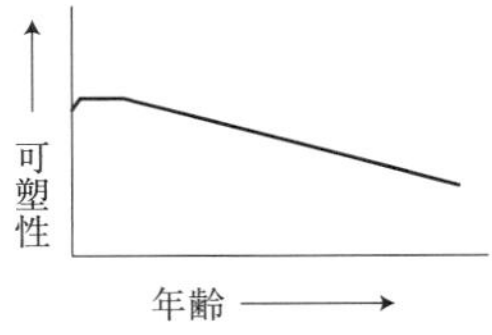

(C) 可塑性が長い時間をかけて徐々に低下するパターン

図5.3 年齢と可塑性とのさまざまなパターン(アイリングスによる)

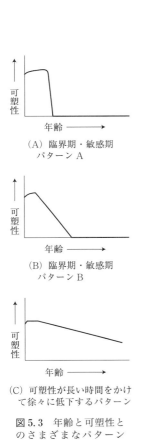

スは、図5・3(C)のように、まったく年齢的制約がないわけではないが、可塑性は大人になっても残っており、長い時間をかけて、緩やかに低下していく。こうしたパターンの違いは、それぞれの脳機能が必要とする神経的発達または神経組織の編成・再編成の内容の違いによる(例えば、神経線維を新規に長く伸ばす必要があるのか、それとも樹状突起やシナプスにちょっと変更を加えるだけでよいのかなどが考えられるだろう)。

言語知識と言語活動を行うプロセスは、大変複雑な認知的・脳生理的な現象であり、多くの脳機能が複雑かつダイナミックに関与していると考えられる。ある種の言語知識やプロセスは、別の言語知識やプロセスに比べ、比較的単純だったり、逆に複雑だったりするだろう。それぞれの言語知識やプロセスに、どの脳機能が関与しているのか、そして別々の発達パターンをもった複数の脳機能が、どのように互いに関与し合っているかによって、違った習得結果につながっているのかもしれない。

複雑な言語知識や言語活動は、そうでないものに比べ、年齢の制約を受けにくい可能性がある。なぜなら、複雑な言語知識の形成や処理には、より多くの脳機能が関与し、互いの年齢的制約を補い合ったり、特定のストラテジーなどを使ったりすることで、ある種の能力の習得の可能性を遅くまで延ばすことができるかもしれないからである。ここで一番大切なことは、いろいろな脳機能は、それぞれの発達段階において、その時点でのさまざまな内的・外的要因の影響を受けながら、常に自らを新しい環境に適応するように変化しているという点である。このダイナミックな適応と相互順応の結果が、習得の個人差につながるのではないかと考えられる。これが、筆者の現時点での仮説である。

第6章 外国語学習における年齢の問題

日本で英語を学ぶ環境は、いままでみてきたような移民が第二言語を習得するような環境とは大きく異なる。では、外国語環境での言語学習について、どのようなことがわかっているのだろうか。

1 「早いほど良い」という神話

これまでの議論から予想できること

早期外国語教育への関心の高まりの一つの要因に、「言語学習は早く始めた方が効果的である」という考え方があることは間違いないだろう。

本書でこれまで検討してきたように、第二言語習得においては、臨界期という特定の時期があるかどうかは別として、何らかの年齢的な制約があることは否定できない。言語分野別に、その制約の強さやパターンには多少違いがあるようで、特に音声の習得においては、年齢的な制約が早い時期からあると考えている研究者が多い。その一方で、後発で習得を開始して母語話者に近いレベルに達した成功者の事例も報告され、臨界期の存在を疑問視する研究者もいた。しかし後発で学習を始めて非常に高い熟達度に至るにはさまざまな内的・外的条件を整える必要がありそうで、多くの人にとってはハードルが高い。こう考えると、やはり早くから始める方がいいという気がしてくる。

しかし実は、まだ研究例はあまり多くないのだが、こうした「早ければ早いほど良い」という考えは、外国語環境では支持されていないのである。むしろ、逆を支持する報告も少なくない。

先行研究を詳しくみる前に、まず、外国語環境で行われた研究は、いかなる結果であっても、臨界期仮説の検証にはあたらない点をはっきりさせておこう。なぜなら臨界期仮説は、大量のインプットを受けながらの、必ずしも明示的な言語指導を必要としない自然な状況下での言語習得を前提としているからである。すでに述べたように、外国語環境はふつう、そのような条件を満たさない。

第二言語習得と外国語学習の違い

ここで第二言語環境と外国語環境の何が違うのか、少しおさらいしておこう。第1章で触れたが、第二言語習得の場合、多くの移民が経験するように、第二言語が使われている環境の中に入り込み、母語話者から大量のインプットを受け、恒常的に使う機会がある。一方、外国語学習では、日本人が日本で英語を学習する場合のように、インプットの量もその言語を使用する機会も大幅に制限されている。もちろん、これはかなり大まかな分類で、学習している言語の使用量も質も地域によって差がある。英語のような国際語の場合、地域内での英語の使用が頻繁で、外国語環境と第二言語環境との境があいまいになっているケース(北欧など)もある。

両者の違いは、母語話者との接触の程度(つまりインプットの質と量、および使用機会の頻度)だけではない。習得の仕方も大きく違う場合が多い。特に外国語環境では、正規の授業という形で学習の大部分が進められるのがふつうである。学習者の言語習得に対する態度や動機づけなどの面でも、第二言語環境とは違いが大きいことが予想される。こうした違いが、第二言語習得での知見をそのまま外国語学習に直輸入できない状況を生み出しているのである。

2 学習開始時期か授業時間数か

バルセロナでの長期調査から

外国語環境で行われた研究の中で、特筆すべきはスペインのバルセロナで行われたBAFプロジェクト(Barcelona Age Factor Project)である。一九九五年から二〇〇四年にかけての長期にわたり、スペイン語とカタロニア語を話す英語学習者を対象として行われた。被験者は、英語学習開始時期により、八歳、一一歳、一四歳、一八歳以降の四つのグループに分けられ、それぞれ受けた英語の指導時間が、二〇〇時間、四一六時間、七二六時間(ただし七二六時間後の調査は、学習開始年齢が八歳と一一歳のグループのみ)の時点で、さまざまな英語の言語テストが行われた。授業以外で英語学習をしていた者は、分析から外された。つまりこのプロジェクトは、一般的な外国語としての英語の授業だけを受けて学習した際に、早くから学習を開始することのメリットがあるかどうかを調べたものである。

結果は、二〇〇時間、四一六時間の指導の後では、学習を遅くに開始したグループの方が、おしなべて習得の度合いが高かった。年齢の高い学習者の方が、語学学習の習得スピードが(少なくても短期間では)速いことは、第二言語環境下での先行研究でも知られていたことであり、それほど驚くにはあたらない。しかし、最後の八年間にわたる七二六時間の指導の後でも依然として、八歳から始めたグループより一一歳から始めたグループの成績の方が多くのテストで良かったのである。ただ、一部のテスト(音素の区別など)では、八歳から始めたグループが追いつくものもあった(音素とは第2章で説明したように、音の最小単位である)。

統語・形態素(文法)の習得に関しては、一二歳ごろから、急速に習得が進むことも示された。

最も意外だったのは、発音など音声関連のテストで、学習開始年齢による影響がみられなかった点である。「意外」というのは、一般に幼い子どもの方が音声の習得に優れているという印象が強いからだ。しかし、音声の習得に影響があったのは、学習開始年齢ではなく、受けた授業時間数の方であった。

バスク地方で行われた別のプロジェクトでも、BAFプロジェクトと同じような結果が報告されている。四歳、八歳、一一歳から週二〜三時間程度の英語の指導を学校で受け始めたグループが、六〇〇時間の授業を受け終わった後で(つまり、九歳、一三歳、一六歳の時点で)どの程度の英語力を身につけたかが調査された。さまざまな言語能力が測定されたが、ほぼすべてのテストで、一一歳から学習を始めたグループの点数が一番良かったのである。

統語・形態素の習得で年齢の高い生徒が有利だったのは、認知的な発達が進んでいたからではないかと考えられている。その一方で、音声の習得は、認知的な発達の影響をあまり受けないのかもしれない。BAFプロジェクトの代表者の一人ムニョスは、おそらく外国語アクセントのある教師からのインプットを受けた場合には、早く学習を開始しても、その恩恵を受けられないのではないかと推測している。同様の見解は、これまで何度も登場したフレーゲからも出されている。

また、インプットの量の少なさも、第二言語環境とは違う結果が得られた原因になっていると考えられる。スノウとホーフナーゲル＝ヘーレが、第二言語環境での言語習得のスピードを年齢別に比較した有名な研究では、学習開始当初はティーンエイジ・グループ(一二～一五歳)が一番効率よく習得を行っていたが、一年後には一番年少のグループ(六～七歳)が追いついてしまったという。この研究は、しばしば早期外国語教育の根拠に使われたりするが、スノウらの研究が行われた第二言語環境では、大量のインプットを受けることができていた。したがって外国語環境でも、早期学習開始者が有利になるにはやはり相当のインプットが必要ではないかと予想できる。

すでにみてきたように、これまでの第二言語環境での議論では、五年から一〇年の間、第二言語環境に滞在することで、習得が頭打ち(それ以上は進まない)になるということを前提としていることが多かった。その一方で、最終的な言語習得のレベルの設定は難しく、五～一〇年で頭打ちという前提を疑問視する声もあった。もし仮に五年から一〇年という習得期間が妥当だとしても、第二言語環境で五年から一〇年分に受けられるインプットの量を、通常の外国語環境内で再現するのはほぼ不可能といってよい。

したがって、外国語環境における学習では母語話者レベルに到達するか否かではなく、限られたリソースのもとで最大限に熟達度を高めるには、学習開始年齢と指導時間のどちらが意味のある要因なのか、両者の関係性が言語分野によって違うのかを探ることが、重要な関心事となる。

日本人英語学習者を対象とした研究

ヨーロッパの言語は、(例外もあるが)おしなべて言語間の距離が比較的近い。では、日本語と英語のように類型の非常に異なる言語の組み合わせでも、上記のスペインでの研究と同じような結果が出るのだろうか。実際、第二言語環境では言語の組み合わせによっても最終的な言語習得の度合いが違うことを示唆するデータが報告され始めている。

ラーソン＝ホールは、学校で週四時間以下の英語の授業を受けてきた日本人大学生を対象に、英語学習開始時期と英語習得の度合いを検証した。被験者は、三歳から一二歳の間に英語学習を開始した早期学習開始グループ(六一人)と、一二歳以後に始めた後期学習開始グループ(一三九人)である。被験者には、文法性判断テストと、日本人が苦手とする/ɹ/ /l/ /w/の三つの音素を聞き分けるタスクを行ってもらった。

まず、早期学習開始グループの被験者の間だけで分析が行われた。適性テストの点数と授業時間の総数を統計的に統制(それらの変数に対する依存性を除く)した後で、学習開始年齢と習得度の相関を調べたところ、音素の聞き分けについては相関はなく、文法性判断テストでは弱い負の相関しか得られなかった。

次に、早期学習開始グループと後期学習開始グループを比較したところ、平均点をみるかぎり、早期学習開始グループは音素の聞き分けで後期学習開始グループを上回っていたが、文法では違いがないという結果になった。ただし、音素の聞き分けでも、効果量は小さかった(統計的には有意でも、実質的な違いはわずかであるということを意味する)。また、いずれのグループも個人差が非常に大きい。

データをさらに詳しく分析したところ、文法でも音声でも、早期学習開始グループが優位になるのは学習時間がほぼ一五〇〇時間から二〇〇〇時間の間だった。前述のスペインでの研究(最高六〇〇時間まで検証)と合わせて判断すると、早期学習開始グループが有利になるには、かなりの学習時間数が必要だということなのかもしれない。しかし、学習時間数がそれ以上になると、また学習開始時期による差はなくなるようである。

ラーソン＝ホールは、六一人の早期学習開始者を対象に、早期の英語教育指導を英語の母語話者から受けたかどうかで、音素の識別力に違いが出るかも検証した。その結果、四歳から六歳という非常に早い時期に学習を始めた被験者の間では、母語話者から指導を受けた学習者の方が、成績がよかった。開始年齢が八歳以降では違いがなかった。これは非常に興味深い結果である。しかし、ラーソン＝ホール自身も言及しているように、もう少し多くの被験者で再検証してみる必要がある。

ここで一つ注意したいのは、日本のような環境では、英語学習に費やした時間の総数を正確に把握するのが非常に難しいという点である。ラーソン＝ホールはカリキュラムから授業時間数を計算し、それに宿題など教室外でなされた時間を足す形で総学習時間数を推計しているが、塾や英会話スクールなど学校外で学習を行っている生徒も多く、網羅するのは不可能に近い。また、ラーソン＝ホールの研究は二〇〇六年に発表されたものだが、その時点で大学生であった被験者が幼少のころには、公立の小学校では英語は導入されていなかった。したがって、早期に英語を学習した人たちは特別なグループであった可能性もあり、受けた英語教育の内容も人によって大きく異なっていたと予想できる。

最後に、被験者が国立大学の学生であったという点も押さえておく必要がある。早期学習開始グループと後期学習開始グループの間に文法力で差が出なかったのは、彼らが行ってきた文法・読解中心の受験英語勉強が影響している可能性もある。

いろいろな要因を統制するのは、本当に難しい。幅広い被験者の間で、再検証してみる価値がある。

脳科学が明らかにしたこと

近年、日本では脳科学の見地から、年齢と外国語習得の問題にせまろうとする研究が次々に発表されている。その中で、幼稚園で英語に触れた子どもたちを調べた研究を紹介しよう。

高橋らは、幼稚園時代の英語経験が日本語の意味処理プロセスにどのような影響を及ぼすかを調べた。被験者は幼稚園一年目に毎日一五分英語に触れた園児と、さらに二年目に毎日四五分ほど英語に触れた園児である。園児たちに「おとうさんがリンゴを食べた」など意味的に適切な文と、「お父さんがバスタブを食べた」など意味的に不適切な文を聞かせ、その際の脳内の電気活動(事象関連電位)を調べた研究である。第3章で説明したように、意味的に不適切な文に対しては、事象関連電位ではN400という特徴的な波が観察されると考えられている。

実験の結果、二年目の園児たちの間では、英語に触れたグループと触れなかったグループの間で違いがみられた。しかし、一年目の園児の間では両グループの間に差はみられなかった。

この結果をもって高橋らは、非常に早期に外国語に触れることで日本語の意味処理の際の脳内活動上の違いが出るが、そのためにはある程度の量、外国語に触れる必要があるのではないかといっている。

日高らは、幼稚園期の英語体験によって、日本語、英語（馴染みのある外国語）、中国語（馴染みのない外国語）で物語を聞いたときに、脳の反応にどのような違いが起こるかを調べた。こちらの研究では、fNIRS（機能的近赤外線イメージング）が使われた。その結果、二年目の園児では、日本語と英語の物語を聞いたときには、中国語を聞いたときよりも両側前頭葉が活発に活動していることが観察された。一方、そのような違いは一年目の園児ではみられなかった。この結果をもとに日高らも高橋らと同様、非常に早い時期の外国語体験は、脳内の活動に変化をもたらすが、そのためにはある程度の接触量は必要だといっている。ただし、観察された脳活動の違いが何に起因するのかは不明確である。脳活動の違いが、実際の言語活動にどのように反映されるかについては、まだまだ不明な点が多い。

脳活動からみた言語活動

尾島らは、脳内活動の計測と言語熟達度テストを組み合わせて、学習開始時期が英語の習得にどのような影響を及ぼすかを調査した。この研究では、六歳から九歳までの小学生三五〇人

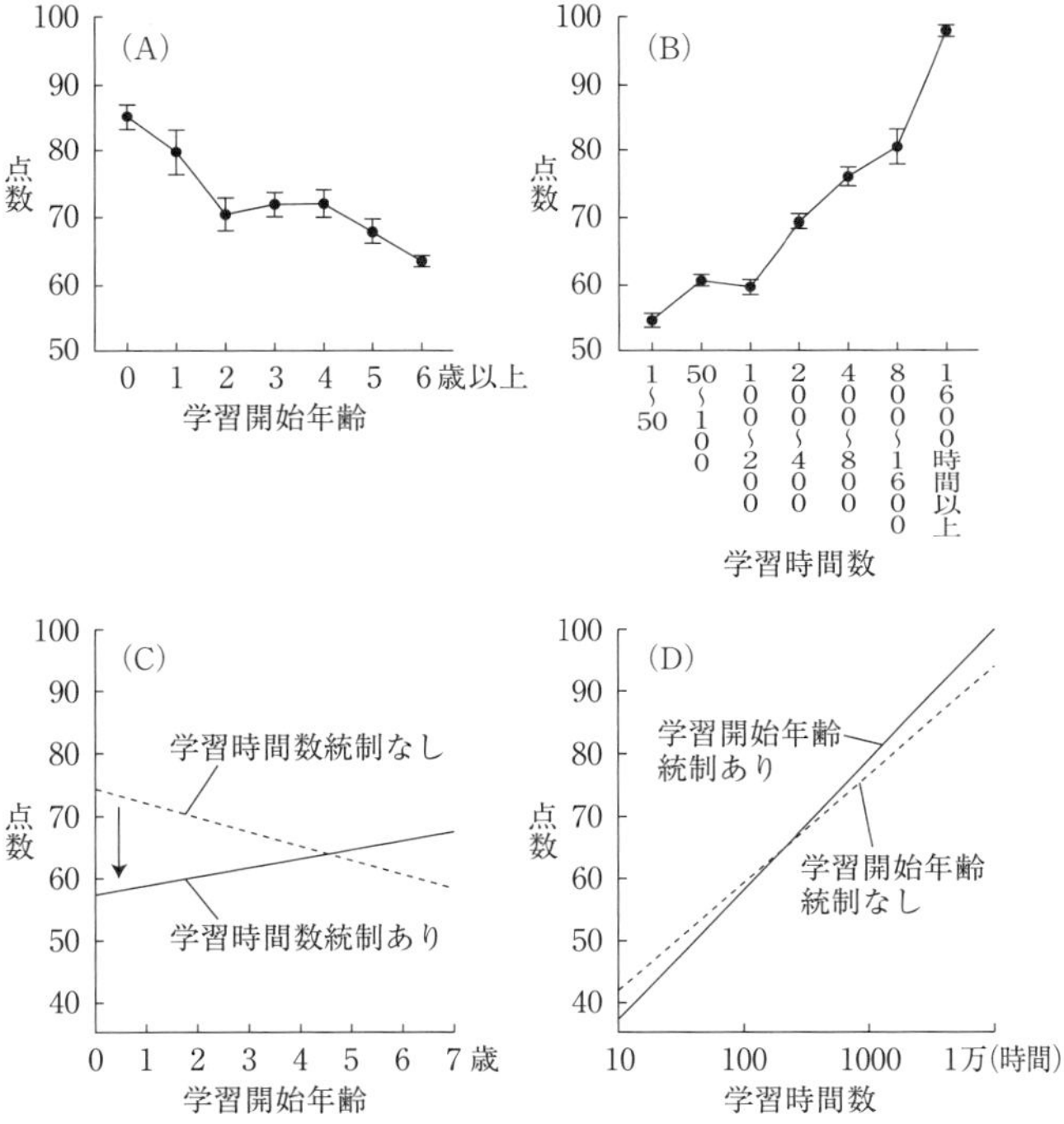

図 6.1　日本の小学生の児童英検テストの結果(尾島らによる)

を三年間、追跡する方法がとられた。

第4章でも言及したが、学習開始時期が早いと、総学習時間数が多くなる傾向がある。したがって、学習開始時期が違う被験者の間で違いがみられたとしても、それが学習開始時期によるのか、学習時間数によるのかがはっきりしない。図6・1の(A)が示すように、尾島らの被験者の間でも、そうした傾向があることが確認された。そのため、学習開始年齢と学習時間数を統計的に統制して分析が行われた。

英語力の判定には、児童英検テストが使われた。図6・1の(B)で、学習時間数が多くなるにつれて、児童英検の点数が上がっていることが確認できる。ここまでは、予想どおりだ。図6・1の(C)は、学習開始年齢と児童英検テストの点数との関係を示している。図中、破線で示されているように、学習開始時期が早い児童の方が高得点を示す傾向があるが、学習時間が等しくなるように統制すると(実線で示されている)、逆のパターンが浮かび上がってくる。つまり、遅くに始めた児童の方が、成績が高い傾向にあるのである。一方、図6・1の(D)が示すように、授業時間数が多くなるにつれて児童英検の点数が上がる傾向は、学習開始年齢を統制しようが、しまいが、変わらない。

脳活動の分析は、絵を見ながら、耳から入ってくる英語の単語が絵とマッチしているかどうかを判断するタスクで、事象関連電位を使って行われた。その結果(図6・2)をみると、図6・1とほぼ同じ結果を示していることがわかる。こちらも、学習開始年齢にかかわらず、総学習時間数の多い方が、絵と英単語が一致しなかった際のN400の振れ幅が大きかった。つまり、意味の逸脱に敏感に反応していることを示している。図6・2(C)が示すように、学習時間数を統制すると、学習開始年齢が上がるにつれてN400の振れ幅が大きくなっている。

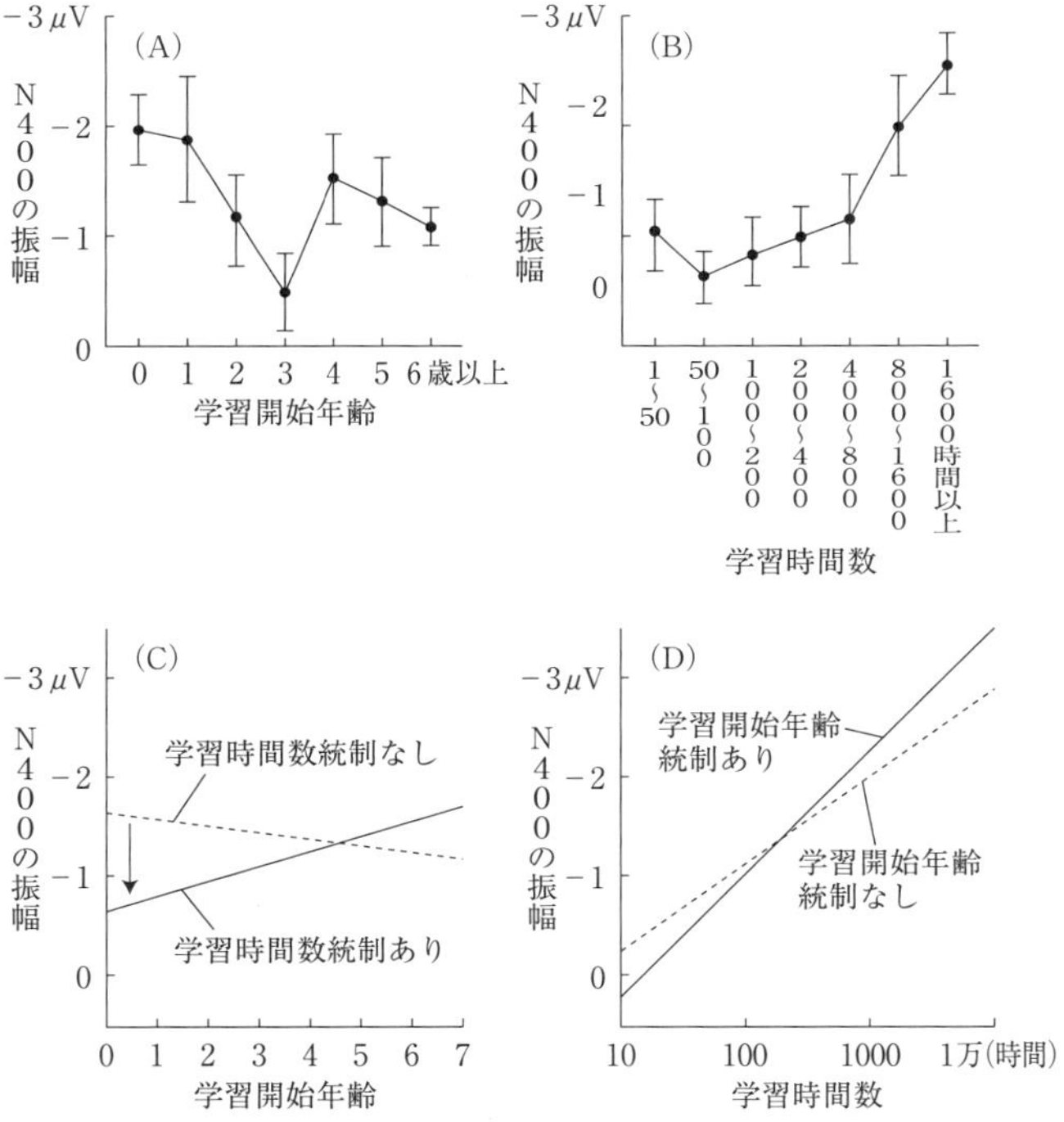

図 6.2 日本の小学生の英語学習の違いと脳活動の違い(尾島らによる)

さらに、図6・2(B)が示すように、N400の振れ幅は、学習時間数が八〇〇時間を超えたあたりから、大きく伸びている。ここから尾島らは、単語レベルの単純な意味処理ですら、外国語でのプロセスを発達させるにはかなりの学習時間数が必要と結論づけている。

学習内容や方法

ここまでみてきたように、外国語環境では学習開始年齢ではなく総学習時間数が英語の熟達度（および言語活動を行った際の脳活動）に関係している。第二言語環境とは異なった結果になっていることがわかる。

ただ、読者の中には、学習内容や学習方法によっても違いが出るのではないかと考える方もいるだろう。確かに、授業に依存する割合が高い外国語環境では、学習・指導方法の影響は無視できないと予想できる。しかし、既存の研究からは、学習・指導方法の違いがどのように影響を及ぼすのかまだよくわからない。

さらに、年齢が違うと、同じ指導方法でも、それが習得に及ぼす影響度が異なっている可能性もある。筆者と武内が日本の小学生を対象に児童英検を使って行った研究では、学校での英語の総指導時間数と児童英検テストの結果との間には、三〜四年生では負の相関があったが、五〜六年生になると正の相関を示すようになった。ここから筆者らは、日本の小学校で現在典型的に行われている授業は、児童の学年に応じて、同じ時間数でも質的に違う影響を与えているのではないかと推測している。

研究者の中には、年少の学習者の場合には、暗示的・潜在的な学習の方が効果的だと主張する人もいる。クロアチアで行われた、八年がかりのある研究では、外国語学習を六〜七歳から始めたグループは、一〇歳から始めたグループよりも、発音や語彙などに加え特に暗示的なプロセスが必要なタスクにおいて高い習得度を示したという。幼い子どもの方が、暗示的・潜在的な学習に向いているという主張を支持する脳科学の研究結果も出てきている。ただし、暗示的・潜在的な学習は、膨大な時間を必要とする。それだけの時間数を確保するのは、通常の外国語カリキュラムではなかなか難しいのが現実だ。

良質なインプットの重要性

ムニョスらは、BAFプロジェクトの第二段として、スペインの大学生を対象に、学習開始年齢と英語の習得との関係を長期スパンで分析した一連の研究を発表している。日本人大学生を対象としたラーセン＝ホールと似た研究である。ムニョスは、熟達度テスト、語彙テスト、音韻識別テストのほかに、自然発話（スピーキング）の分析も行っている。単に総学習時間数だけでなく、正規に受けた授業時間数、授業以外の学習時間数、留学などによる海外滞在時間数、現在の英語使用頻度、母語話者からのインプット量など、英語への接触のタイプとの関係性も調べられた。

その結果、やはり、学習開始年齢よりも総学習時間数がテストの結果と高い相関を示した。特に海外で過ごした時間、現在の英語使用頻度、母語話者からのインプットといった、良質なインプットにどれだけ接しているかが、スピーキングの正確性や流暢さなどを含めた英語力に大きく関わっていることがわかった。またインタビューによる調査では、八六パーセントにのぼる大多数の学習者が、留学など集中的に英語に接する経験が英語学習のターニング・ポイントになり、その後の意味ある学習への引き金になったと証言していた。

イマージョン・プログラムの効果

次に、通常の外国語教育プログラムと違い、ターゲットになる言語への接触時間がはるかに多いイマージョン・プログラム(第3章参照)の場合をみてみよう。

原田は、アメリカで行われている日本語のイマージョン・プログラム(英語圏での日本語習得)に関する一連の研究を発表している。対象となったイマージョン・プログラムは、幼稚園と小学校一年時では一〇〇パーセント日本語で指導が行われ、その後徐々に日本語の割合が下がっていくモデルで、かなりの量の日本語のインプットが得られる。最初の一年間だけでも六〇〇時間、五年生の終わりまでには約四四〇〇時間、日本語で授業を受けている計算になる。

このイマージョン・プログラムに在籍する、英語を母語とする児童の、日本語の無声破裂音(p、t、kの音)の音声的特徴の一つであるVOTと、破裂音の持続時間を計測した。日本語のＶＯＴは、英語のＶＯＴより短い。しかし、英語と日本語の破裂音はＶＯＴ以外は類似しており、ＶＯＴの違いは音素や意味の区別に関与しない(つまり、ＶＯＴが違っていても、意味を取り違えられる心配はない)ので、学習者は破裂音の違いにそれほど敏感ではないと予想される。一方、破裂音の持続時間は、日本語では「肩(kata)」と「買った(katta)」のように、非促音と促音の違いを生むので重要な要素であるが、英語には促音は存在しないので、学習者は両者の違いに敏感になると予想される。

実験の結果、英語の母語話者は、日本語の母語話者よりも、ＶＯＴを長く発音する傾向にあった。また、非促音と促音の持続時間の割合も、日本語母語話者に比べると小さかった。四〇〇〇時間を超える日本語のインプットを受けても、母語話者とは違いをみせていたのである。ただ、母語話者とは違っていても、彼らは英語と日本語のＶＯＴの区別には成功していたし、非促音と促音の持続時間も統計的には有意の違いを示していて、その区別はできるようになっていた。この点は重要だ。

原田はさらに、幼稚園、小学校時代のイマージョン・プログラムの経験が、長期的な影響を及ぼすのかどうかも検証した。被験時に大学で中級の日本語をとっていた学生の中で、幼稚園・小学校時代はイマージョン・プログラムで過ごしたものの、中高時代は一般的な外国語としての日本語の授業を受けた早期学習開始者と、イマージョン・プログラムを経ずに高校以降、外国語として日本語を学習してきた後期学習開始者を比較したのである。早期学習開始者たちが経験したイマージョン・プログラムは、幼稚園から小学校五年生まで教科学習の五〇パーセントが日本語で行われていたという。前述のイマージョン・プログラムに比べると日本語のインプットは少なめで、小学校五年生までで三〇〇〇時間程度と予想されるが、それでも通常の外国語教育プログラムよりは格段に多い。

児童を対象とした実験と同じように、VOT、促音・非促音の持続時間の比較に加え、日本語母語話者による促音・非促音の判定も行った。その結果、早期学習開始者が後期学習開始者より優れていたのは母語話者による促音の判定だけで、他のすべての調査項目では両グループの間に違いはみられなかった。つまり、イマージョン・プログラムを経験した生徒でも、その後継続してたくさんのインプットが得られなくなってしまえば、音声習得上のメリットはあまりなさそうだということである。

イマージョン・プログラム経験者が、英語に存在しない促音の発話で日本語母語話者とほぼたがわない判定を受けたという結果に対し、原田は第3章で紹介したフレーゲのスピーチ学習モデルにもとづいた解釈をしている。スピーチ学習モデルでは、母語と非常に異なった第二言語の音は類似した音より習得しやすいが、年齢が上がるにつれて母語の音韻範疇が確立してくるので習得が難しくなると予測している。よって早期学習開始者が母語にはない日本語の促音の習得で有利だったのは、幼い時期のイマージョン経験が影響している可能性があると解釈できる。

このほかにもイマージョン・プログラムを対象にした研究はいくつか報告されている。それらをみるかぎり、イマージョン・プログラムによって母語話者のように音声言語を習得できるのではないかという期待はもたない方がよさそうだ。イマージョン・プログラムは教科内容の習得が中心になるため、言語の方への十分な関心が払われないと発話の正確性（発音や文法）などが身につきにくいというデメリットを指摘する研究者もいる。また、外国語環境では、学習者が教科内容を外国語で勉強することに十分な動機づけをもっているか否かという点も、習得に影響を及ぼしている可能性がある。

3　読み書きの習得

読み書き能力の習得

ここまで、読み書きに関する言語能力の習得については、ほとんど触れてこなかった。それは、もともと臨界期仮説自体が読み書き能力をその対象に入れていないからである。読み書き能力は、生活しているうちに自然に習得できるものではなく、どのような教育を受けたのかによって習得の結果が大きく違ってくる。したがって読み書き能力は、自然習得環境下における脳生物学的なメカニズムを前提にしている臨界期仮説の対象にはならない。その上、そもそも世界のほとんどの言語は文字をもたないことも忘れてはならない。

しかし、外国語教育においては、読み書きの習得は大きなウェイトを占めることが多く、関心がもたれている。残念ながら、外国語環境の中で、読み書き学習の開始年齢と学習成果との関係を組織的に調べた実証研究は、筆者の知るかぎり存在しない。そこで、日本人児童を対象にした第二言語環境での研究に目を向け、その中に何かヒントがないかどうか検討してみよう。

英語圏の日本人児童生徒のケース

中島は、カナダ在住で現地校に通う日本人児童生徒の間で、彼らにとっての第二言語である英語の読解力と、カナダに入国したときの年齢との関係を調べた。被検者は、入国時の年齢によって、三歳以前、三～六歳、七～九歳、一〇～一二歳の四つのグループに分けられた。

第4章で考察したように、被験時に年齢の違うグループに同じ読解テストを行うわけにはいかない。六歳の子どもに必要な読解力と、一二歳の子どもに必要な読解力は、当然かなり違うからだ。では、どうしたらいいだろう。そこで中島は、英語を母語とするカナダ人児童の学年ごとの平均を基準にし、そこに達するまでに日本人の子どもたちが何年かかるかを調べた。

その結果、一番早く英語母語話者の平均点に追いついたのは、なんとカナダ入国時の年齢が七～九歳のグループで、平均五年ほどで追いついていた。二番手は、一〇～一二歳のグループと三～六歳のグループで、追いつくのに七～八年かかっていた。ただ、この二つのグループは習得効率が大分違う。入国年齢が一〇～一二歳のグループは、英語母語話者の平均を五〇点とすると、調査を開始した入国一年後の平均点がわずか二〇点と、母語話者平均を大幅に下回るレベルからのスタートであった。一方、入国年齢が三～六歳のグループは一年後の時点でもう四〇点を超えており、わずか八点ほどの差を縮めるのに七～八年かかっていた。そして、母語話者に追いつくのに一番長い時間がかかっていたのは、カナダに一番早く入国したグループだったのである。この入国年齢三歳以下のグループは、三~六歳グループと同様、一年後にはすでに四〇点近い点数をマークしていたが、学年相当の母語話者の平均に達するのに、なんと平均で一〇年以上もかかっていた。さらに、カナダ入国の早かったグループの中では個人差が大きいことも見逃せない。

カナダ入国時の年齢が七~九歳のグループが一番効率よく英語の読解力をつけたのはいったいなぜだろうか。一つの可能性として、この年齢だと日本を出国する前に母語である日本語で読み書きの基本が身についていたことが考えられる。母語の読み書きで身につけた基礎力を、第二言語の読み書きの学習に転移することができたのではないかということだ。同じように母語での読み書きの基礎ができていたであろう一〇~一二歳のグループも、基礎ができる前に日本を離れた他の二つのグループとは習得効率の度合いが違い、ずっと効率的だった。このグループが七~九歳のグループより遅れをとったのは、この年齢になると母語話者の読解力もかなり高くなり、追いつかなくてはならないレベルが高かったのではないかと考えられる。

子どもの第二言語の読み書き習得と日本語力との関連性は、前述の片岡らによるアメリカの日本語補習校に通う児童生徒の研究でも調査されている。片岡らの研究は、日本語の読み書き能力が、英語習得にどのように影響しているかを直接調査したものではないが、アメリカ入国が九〜一一歳ごろだった子どもたちは、英語の習得と合わせて、日本語の文法や語彙、漢字力などもかなり維持していることがわかった。一方、八歳以下でアメリカに入国した子どもたちは、三年もすると英語力が日本語力を上回り、日本語力の維持が難しくなっている。反対に、一二歳以降にアメリカに入国した子どもたちは、英語力が日本語力を上回るのは難しいと推測される(ただし、長期的にこのグループの日本語と英語の習得度を計測したデータがなく、これは入国後二年間のデータからの推測)。

母語の読み書き能力の大切さ

日本のように、世界的にみるとかなり言語的にも文化的にも同一性の高い社会では、外国語の学習を早期に開始したとしても、それによって母語との接触が大きく制限されることはないだろうから、母語の習得が危ぶまれるということはない。日本の早期英語教育をめぐる議論で、早く英語を導入すると、日本語に悪影響を及ぼすことを懸念する人もいるようだが、そのような懸念を裏づけるような実証データは、筆者の知るかぎり存在しない。もし、日本語の習得に問題が生じたとしたら、日本語の教育に何らかの問題がなかったかをまず考えるのが妥当であろう。

ただ、中島や片岡の研究が示唆している、第二言語での読み書きの習得に、母語の読み書き能力が大きな役割を果たしている可能性が高いという点は、日本において外国語教育を考えていく上でも、たいへん重要な意味をもつと考えられる。

残念ながら、いまのところ、子どもの母語の読み書き能力のどの要素が第二言語の読み書きの習得に影響を及ぼすのかに関しては、まだまだ実証研究の蓄積が少なく、詳細は把握できていない。その中で、唯一、研究が進みつつあるのが、音韻認識能力との関連である。

音韻処理と読み

私たちの長期記憶には、単語の綴りや、発音、意味、使い方など、さまざまな語彙に関する情報が蓄えられている。目から入ってきた文字情報から、こうした心的語彙にアクセスするのに、音韻処理プロセスが重要な役割を果たすことが知られている。つまり、視覚的な文字情報から直接、心的語彙にアクセスするだけでなく、いったん文字情報を音韻情報、つまり音の情報に変換してから(これを音韻符号化という)アクセスするルートがあるのである(図6・3)。

話ことばの理解に音韻情報を利用するというのは当然のような気がするが、どうして書きことばを理解する際に音韻情報に頼る必要があるのかと、不思議に思う読者もいるだろう。しかし近年、読みに関する研究が進み、英語のようなアルファベットを使う言語だけでなく、従来、直接アクセス・ルートに大きく依存していると考えられていた中国語のような言語の読みにおいても、この音韻符号化の果たす役割が重要であることがわかってきた。音韻情報処理がスムーズにいかないと、読みに悪影響を及ぼす。英語圏では、読みに問題を抱える児童の多くが、この音韻情報処理のプロセスに問題があると考えられている。

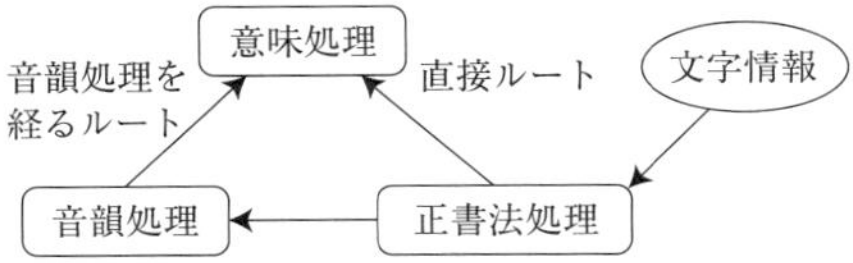

図 6.3　心的語彙へのアクセスの方法

言語によって、また同じ言語内でも単語やコンテクストによって、音韻処理プロセスへの依存の度合いは違うと考えられている。大人の場合、ふつうはこのプロセスは自動化しているので、いちいち文字を音に変換しているという意識はない。

音韻情報処理では、まず話しことばがどのような音韻構造をもっているかを認識する。これを音韻認識という。音韻構造を、英語のpigを例に説明すると、図6・4のようになる。単語は、音節や音素という小さな音韻単位から成り立っている。音節はオンセットとライムという単位に分けられる。これ

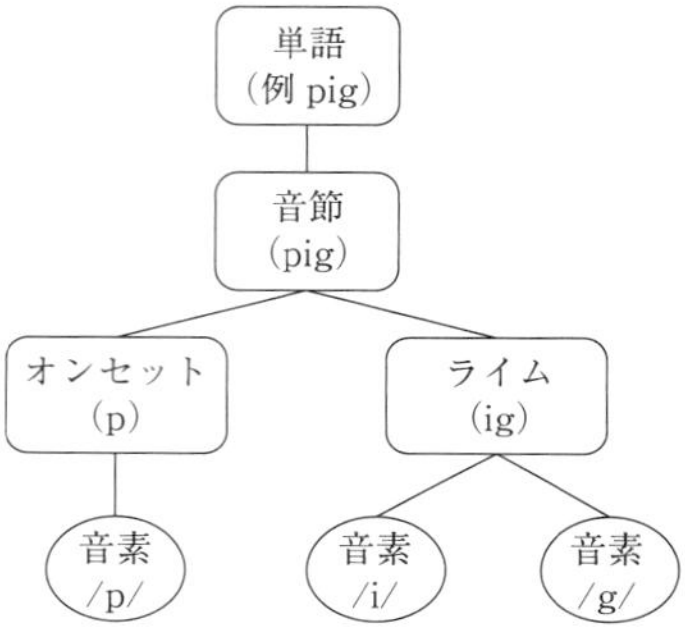

図 6.4 音節，オンセット，ライム，音素

らは音節と音素の中間にある単位で、オンセットとは最初の子音の部分で、残りの部分(母音とそれに続く子音)をライムという。また、音素には子音と母音がある。

英語の音韻認識の中でも、オンセットとライムの区別ができることが、読みの力と高い相関があることがわかっている。なぜだろう。

例えば、bigとpigという二つの単語を比べてみよう。これらは、それぞれb-igとp-igというようにオンセットの部分だけが違い、ライムの部分は一緒である。こうした音素だけが異なる単語のペアをミニマム・ペアという。このように、bigとpigを比較し、その違いに気づくことで、オンセットの部分/b/と/p/が別々の音素であると認識できる。英語圏の子どもたちは、ライムをふんだ詩や歌を通してこの音素認識を養うのである。

英語の正書法、つまり書き方は、音素を基本単位としている。したがって英語の読みの力をつけるには、音素認識をしっかり身につけることが不可欠になる。これが読みの力と音素認識が関わる理由である。

日本語の場合、表記の基本単位は音素ではなく音節である（厳密にいうと、音節に似た拍と呼ばれる単位である）。子どもたちは、どの言語を習得していようと、まず音節（例えば、英語のpigは一つの音節で、日本語の雨ならa-meと二つの音節）を認識できるようになり、それから音素（例えばpigはp-i-gと三音素、雨もa-m-eと三音素）の認識ができるようになる。ただ、日本語の仮名は音素を単位としていないため、日本語を習得している児童は音素認識の発達が英語を習得している児童より遅れるといわれている。日本の子どもが好きな「しりとり」も、音節の認識には役立つが、音素の認識にはあまり役立たない。

母語と第二言語としての英語の読みの習得

音韻認識の読みにおける役割がわかったところで、次に母語での音韻認識能力と第二言語の音韻認識能力との関係を調べた研究をみてみよう。

まず、子どもが母語以外の言語に触れる機会があると、言語を比べることができるから、音韻認識の発達が促進されそうだが、どうだろう。例えば、バイリンガルの子どもは音韻認識の発達に有利なのだろうか（第4章で記したように、母語のほかにもう一つの言語に触れていれば、必ずしもそれに熟達していなくても、バイリンガルという）。

バイリンガル研究の第一人者のひとり、ビアリーストックは、カナダ在住の六〜七歳のバイリンガル児童と、同年齢の英語のモノリンガルの母語話者の英語の音韻認識を比べた。バイリンガル児童は、中国語またはスペイン語を母語とし、英語を第二言語として習得していた。比較されたのは、音素認識力、語彙数、疑似単語の読みである。疑似単語とは、英語に存在してもおかしくないが(つまり英語の音韻規則に従っているが)、実際には存在しない単語である。英語は音と綴りとの関係が複雑な上、疑似単語では単純な暗記に頼れないため、音と綴りの関係がしっかり理解されていないと正確に読むことができない。

実験の結果、やさしい音素認識タスクでは年齢による違いはみられたものの、言語グループ間では違いはみられなかった。英語のモノリンガル母語話者との違いもない。しかし、難易度の高い音素認識タスクにおいては、言語グループによる違いが出た。スペイン語を母語とするグループは英語のモノリンガルより音素認識が高く、一方、中国語のグループは英語のモノリンガルより音素認識が低かった。

スペイン語は英語と同じ音素文字のアルファベットを使い、中国語は表意文字である漢字を使う。それと、この結果は関係しているのだろうか。

表 6.1　英語との言語比較

	話しことばの体系(言語タイプ)	正書法体系	文字
スペイン語	関係性あり	同じ(音素文字)	同じ(ローマン・アルファベット)
ヘブライ語	関係性なし	同じ(音素文字)	異なる(ヘブライ文字)
中国語	関係性なし	異なる(表意文字)	異なる(漢字)

母語と相関を示すケースと示さないケース

ビアリーストックらは、母語の書きことばの体系が第二言語としての英語の読みに影響する(すなわち、音韻情報処理能力が転移する)かどうかを組織的に調べるために、ヘブライ語を母語とするグループも加えて実験を行っている。ヘブライ語を加えることで、話しことばの体系(言語タイプ)、正書法体系、文字のどの要素が、異なった結果の原因となったかを探ろうとしたのである。表6・1は、英語とスペイン語、ヘブライ語、中国語を比較したもので、英語と異なる部分に影をつけてある。ヘブライ語は、英語と同様に音素文字で表記するが、文字はアルファベットと異なるヘブライ文字である。

まず、英語の読み(この研究では単語の読み)の成績を比較したところ、スペイン語とヘブライ語のグループは英語のモノリンガル母語話者を上回ったが、中国語グループは英語話者と同じレベルであった。英語と同じ音素文字をもつバイリンガル・グループだけが、英語の読みに有利だったことになる。なおここでは、年齢や、英語の語彙力、記憶容量（digital span）、音素認識といった個人差に関わる因子は統制されている。

次に、母語と第二言語でそれぞれ疑似単語を読んでもらい、その正確さとの相関を調べた。その結果、スペイン語とヘブライ語のグループでは母語と第二言語の読みの間に正の相関がみられたが、中国語グループでは相関はみられなかった。つまり、中国語の音韻処理がスムーズにできても、必ずしも英語の音韻処理もスムーズにできるわけではなかったのである。

こうした結果をもってビアリーストックらは、音韻情報処理の転移は正書法体系が同じ場合にのみ起こるのではないかと考えた。そうだとすると、日本人の英語学習者の場合、日本語と英語の読みの間には（少なくとも単語レベルの読みでは）、転移は起こらないということになる。

中国語話者で何が起こっていたのか

音素認識が英語の読みを予測する非常に重要な要素の一つであることはすでに述べたが、同じ中国語話者でも、どのように中国語を学習したかによって、音素認識の発達の度合いが違うらしい。中国本土では、小学生が中国語の読み書きを学習する際に、ピンイン（拼音）という発音を表すアルファベットに声調を表す記号をつけて、指導が行われる。例えば、中国語で「ありがとう」に相当する「謝謝」は xièxie、「教師」にあたる「老師」は lǎoshī と表す。

このように、母語の読みの習得の際にアルファベット・システムに接していた中国本土の中国語話者と、ピンインを使わないで中国語の読みを習得した香港の中国語話者との間では、音素認識が違うという。さらにこの違いは、英語の読みにも影響を与えているという。ホルムとドッドが中国本土および香港の大学生を対象に行った研究では、両グループの学生の間で、既存の英単語の読みと綴りのテストにおいては成績に違いはなかったが、疑似単語の読みでは、香港の学生は読み、綴りの双方で中国本土の学生より成績が悪かった。前述のように、既存の単語の場合は、丸暗記して覚えていたという可能性もあるが、疑似単語の読みでは、そうはいかない。ホルムとドッドは、ピンインを使わないで中国語の読みを習得した香港の学生は、視覚にもとづいた単語認識に大きく依存しており、音素認識が十分に発達していないからではないかと解釈している。

日本語話者は英語の読み習得には不利？

日本語は仮名（音節文字）と漢字（表意文字）を組み合わせた書記システムであり、厳密にいうと中国語とも異なるが、音素文字を基本としないということから、中国語話者の場合と同様、英語への音韻処理の転移は自動的には起こらないのではないかと考えられる。さらに、日本語の読みの習得の際にアルファベット・システムを用いないという点では香港のケースと共通点がある。日本語話者の多くが、英語の読みの際、香港の学生たちのように、視覚処理に依存しすぎた認知処理をしている可能性はおおいにある。

第3章で紹介したフレーゲのスピーチ学習モデルによると、第二言語学習者は、母語の音韻範疇を使って第二言語の音を知覚しようとする。だから、母語の音韻範疇が確立するにつれて、第二言語をモノリンガルの母語話者と同じように知覚することが難しくなる。同様の議論を読みのプロセスにおける音韻情報処理についてあてはめれば、いったん母語の音韻情報処理が確立し、高度に自動化してしまった後に第二言語を習う場合、異なった単位での音韻情報処理が必要になって同じような困難が起こりうると予想できる。ただその真偽のほどと、そこに、どのように年齢の要素が入り込んでくるのかは不明である。

いままでの情報を継ぎ合わせて推測するに、音素を単位とした書記システムをもった言語を母語としている人たちと比べると、私たち日本人は、英語の読み(少なくとも単語レベルの読み)を習得するのに、どうやらハンディがありそうだ。英語の読みに大切な音素認識を高めるためには、やはり英語でたくさん読むことが不可欠なのではないかと考えられる。日本語で養った音韻処理能力をそのまま英語の読みの際に移行することはできないようだ。ちなみに、同じアジア圏でも、韓国語のハングルは、ローマ・アルファベットではないものの、音素を単位としたアルファベットであり、ヘブライ語のケースと同様、英語の読みの習得に関して、韓国語を読む際の音韻処理からのメリットが享受できると考えられる。

もちろん、これまでの議論は、単語レベルの読み（つまり単語の認識と符号化）にとどまっており、子どもの外国語の読みの習得の全容の解明とはほど遠い。外国語環境で日本人の子どもがいつから英語の読み書きを開始するのが一番効果的なのかという問題に、科学的な根拠を提供するには、まだまだわからないことだらけだといえる。音韻認識だけでなく、語彙力、作業記憶、推論など読解に関わるストラテジーなど、母語の読み書きに関連するさまざまな認知知識やプロセスが、年齢とともに、そして言語の組み合わせにより、どのように第二言語・外国語の読みの習得に影響していくのか、さらに母語と非母語の言語との間で、どのように相互に影響を及ぼしながら発達していくのかといったことへの理解がもっと必要だ。

4　動機づけと不安

動機づけ

読み書きの習得と同様、臨界期仮説には直接関係しないが、早期の外国語教育が情緒面に与える影響について、簡単に触れておきたい。

さまざまな国で行われた調査によると、小学校時代から外国語学習を始めた人の方が、それ以後に学習を始めた人より、外国語に対して好印象をもつ傾向があり、学習への動機づけも高くなる傾向がある。コミュニケーションへの意欲は複雑な要素から成り立っているが、これも年齢の低い方が高い傾向がある。多くの国で同じような報告がされていることを考えると、これは早期外国語学習のかなり有力なメリットだといえるだろう。

同時に、子どもの動機づけは、指導者や指導方法の影響を大きく受けやすいことも指摘されている。適度に難しいタスク、適切な指導サポート、個々の子どもの伸びに焦点を当てたフィードバックなどが、外国語学習初期の子どもの自信を高めることにつながっている。

しかし、早期から外国語の学習を始めた子どもでも、中学に入学するころには、動機づけが下がる傾向がある。中学入学後に、大幅な動機づけの低下を報告する研究も少なくない。小学校と中学校の指導方法の連携がうまくいかないことが、その背景にあると考えられる。

トレイガントがスペイン・カタルーニャの子どもの英語学習への動機づけを調べた研究によると、学習開始時期よりも総学習時間数の方が動機づけに大きな影響を与えているという。もちろん、ただ授業数を増やせばいいというわけではない。質の高い授業の時間数を増やすことで、初めて動機づけを高めることにつながる。

外国語に対する不安

子どもの外国語学習に関する不安は少ないと思われがちだが、必ずしもそうではないようだ。クロアチアで七〜一〇歳、一一〜一四歳、一五〜一八歳の児童・生徒を対象に、外国語学習での不安に関して行った調査では、どの年齢グループでも、ほぼ半分の児童・生徒たちが授業中に英語を話すことに不安を抱いていた。不安をもたらす理由は、年長になるにつれ増えていた。カーレスとランが香港の八歳児を対象に、絵を描かせながら調査した研究からも、やはり半数近くの子どもたちが、英語学習に不安を感じていたという。

外国語の授業中の不安感は、一度高まると、熟達度が上がってもなかなか下がらない。したがって、学習初期の段階で、不安感をできるだけ高めないようにする指導の工夫が重要だといわれている。授業中に不安になる児童は、新しいことを授業で行うことに神経質になる傾向があるので、外国語導入の早い時期に、ルーティンの活動を導入し、それにまず慣れさせることが効果的だといわれている。教師の教室内での態度（厳しすぎる、教師自身に自信がなくナーバスになっている、児童生徒の発話に否定的なコメントをするなど）は、往々にして、児童の不安感を高める原因になっている。

第7章

早期英語教育を考える

ここまで、言語の習得と年齢の関係をみてきた。第二言語環境(移民のような環境)に比べると、日本で英語を学ぶような環境(外国語環境)での習得には不明な点が多いが、そこでみえてきたことをもとに、日本での英語教育(または他の外国語教育)について考えてみたい。

1 早期開始より量と質

いつ始めるか

第6章までの議論から、外国語環境では、学習開始年齢はそれほど重要な要素ではないことがわかった。学習開始年齢よりも、学習時間数と学習の質が習得の程度を左右する大きな要因になっている。つまり、むやみに幼いうちから学習を始めても、それほど効率よく習得が進むわけではないということだ。それよりも、質のよい学習をできるだけたくさん行うことが外国語の熟達度を高めることにつながるのである。

では、外国語学習はいつから、どのように開始したらよいのだろうか。筆者は、小学校段階での外国語学習には意味があると考えている。しかし、やみくもに早く始めることに意義があるわけではない。あえて一年生から導入する必要はないだろう。

韓国では、英語を一〜二年生で導入するより、三年生以降での時間数を増やした方が効果的だったという実証研究の結果をもとに、一年生からの導入は行わず、三年生からの時間数を増やしたという経緯がある。

筆者は早期英語教育の大きな鍵は、インプットの充実と動機づけを高めることにあると考える。子どもの発達上の特性を考慮すると、三年生あたりからの導入が、高学年または中学からの導入に比べて、より大きいメリットが期待できるだろう。

インプットの充実と動機づけ

外国語に充てられる授業時間数は、ふつうはかなり限定されている。授業時間内だけで高い外国語能力を身につけることは不可能だ。特に日本語を母語とする私たちにとって、音韻体系も、語彙体系も、文法体系も、正書法も大きく異なる英語の習得は、かなりハードルが高い作業になる。

第６章でも触れたように、英語の読みに重大な影響をもつ音素認識も音韻処理の自動化も、英語に直接たくさん触れることによって、初めて磨かれていく。

良質なインプットをたくさん与えることで、英語のリズムなどのプロソディー（韻律）や、フォーム（形式）に関する語感を養うことにつながる。冠詞や形態素、コロケーション（第3章参照）などに関する感覚を少しでも養うことができると理想的だ。"I have apple"と言われたときに、「あれ、なんだか変だな」と思える感覚である。こうした暗示的な言語知識がある程度蓄積したところで、中学校に入って明示的な文法説明をして整理してあげれば、文法知識がすっと入りやすくなる。

大量で良質のインプットを得るには、インプット量を学習者が自ら増やすための動機づけが大切だろう。学校での授業に加え、自ら進んで、どんどん英語を聞いたり、読んだりしていけるような環境づくりと、動機づけの強化が必要だ。

子どもの特性と言語習得

一般的に、子どもは大人に比べて言語音に対して敏感だ。母語にはない外国音に興味を示したり、音遊びやライム（第6章参照）などにも親しみやすい。子どもは、単純な音や単語の繰り返しにも耐久力がある。こういったことは、音素認識を高め、プロソディーの習得を促進するための重要な基盤である。

また、言語学習の助けとなる「あいまいさに関する耐久力」も、一般に子どもの方が優れているといわれている。全部がわからなくても、興味のある内容であれば、子どもは英語をかなり長く聞き続けることができたという報告もある。こうした特性は、音の組み合わせや、コロケーションなど、暗示的な学習には適しているといえるだろう。

さらに、年齢の低い児童は外国語への興味や外国語学習への動機づけが高く、早期外国語教育の経験者はそうでない学習者に比べると動機づけが高い傾向があった。コミュニケーションへの意欲も、一般に子どもの方が高い。小学生も高学年になると、そろそろクラスメートの目が気になり、積極的にクラスで英語を話すことをしなくなったり、わざとカタカナ英語的な発音をしたりするような児童も出始める。中学校に入ると、この傾向は非常に顕著になる。

日本の小学校では、コミュニケーション重視ということで、クラスの子ども全員に発話させるなど、アウトプット中心の授業をしばしばみかける。発話させること自体は悪くないのだが、強制は好ましくない。十分なインプットのないままにアウトプットを急がせると、児童によっては、逆に英語を話すことへの抵抗感が増してしまうことがあるからだ。

子どもには大きな個人差があり、覚えたことをすぐに使ってみたい子もいれば、アウトプットがほとんど見られない沈黙期と呼ばれる期間を体験する子どももいるのである。

その一方で、子どもは認知的には大人に比べてまだまだ発達途上である。子どものアプローチはしばしば無意識的で、焦点が定まらない。だから、子どもを指導する際には、言語の機能面に注目させたり、さまざまな視覚・聴覚刺激を使ったり、具体的な材料を提示したりして注意をひき、それを維持するような工夫をしなくてはいけない。

このように、小学校の段階は、子どもたちが興味をもつやり方で、良質のインプットをできるだけ多く与えることが一番重要である。良質のインプットとは、必ずしもネイティブ・スピーカーによるインプットに限定されるものではない。応用範囲の広い、わかりやすい英語ということだ。

情報技術の活用

そうはいっても、外国語環境でインプットの量を増やすのはたいへんだ。そこで、情報技術の有効活用が不可欠になってくる。今後インターネットや情報端末など、情報技術を使ったコミュニケーションが増えることは必至で、これからの子どもたちのニーズにもかなっている。ものごころついたときからデジタル・コミュニケーションに触れていた「デジタル・ネイティブ」世代は、そもそも情報プロセスの仕方や学習ストラテジーも、それ以前の世代とは異なってきているといわれている。例えば、情報処理のスピードが非常に速い、複数の情報を同時並行で処理することに長けている、順序立てずにランダムに情報にアクセスする、テキストだけでなく映像もリテラシーの対象の一つとして処理する、遊びと勉強の間に境界線を引かない、受動的より能動的な学習を好む、などといった特徴が指摘されている。情報技術の活用は、インプットの量を増やすだけでなく、いまの子どもたちの学習方法にも合致するので動機づけにもつながる。韓国では、一九九七年の小学校での英語導入以来、積極的に情報技術の導入を進め、教科書のデジタル化も進んでいる。

「ネイティブのような発音」は目標には不適切

できるだけよい発音を身につけたいと思うなら、早く学習を始めてもいいかもしれない。音声の習得にはなんらかの年齢的制約があることは否定できないからだ。しかし、それは膨大なインプットが得られることが前提での話である。過度な期待はもたない方がよい。

ネイティブ・スピーカーのような発音を身につけたいという願望は、多くの学習者が多少は抱く思いかもしれない。しかし、これは外国語環境では現実的とはいえない目標設定だ。早期に英語学習を始めても、ネイティブ・スピーカーのような発音にはまずならない。イマージョン・プログラムに在籍してかなりのインプットを得ていた児童でも、ネイティブ・スピーカーと同じような発音習得は困難だった。第二言語環境ですら、非常に早いうち(研究者によっては三~四歳以下)から習得を開始した人でも、母語話者レベルに達するのは難しい。

しかし、発音がネイティブ・スピーカーと同じにはならないことは、モノリンガル(一言語しか話せない人)でないことの証であるともいえる。複数の言語を操る能力を身につけているという勲章ともいえる。そもそも、ネイティブ・スピーカーの発音の定義自体も不明確なのだ。めざすべきネイティブ・スピーカーの発音を、具体的に規定することは難しい。

その上、現代では英語を母語としない人同士の英語でのコミュニケーションが爆発的に増大している。だから、特定の母語話者の発音の習得にこだわる必然性はなくなってきている。そうしたことに膨大なエネルギーと時間、資金を使うよりも、コミュニケーション上、誤解されないような聞きやすい発音をめざせばよいのだ。

第6章で紹介した日本語イマージョン・プログラムの児童が、日本語話者とは発話にずれがあっても、重要な音韻の特徴(VOTなど)はきちんと身につけていたことを思い出してもらいたい。そのためには、無理やり早期に学習を始める必要性はない。ただし、繰り返すが、良質なインプットを十分にどこかで得る必要がある。

2　読み書きの導入

高学年での導入も

高学年でも、引き続き音声を中心としたインプット中心の授業展開を行うべきだろう。さらに、英語の音声言語の蓄積がある程度できていることを前提にして、書きことばの導入を開始するのがよいだろう。この時期には、母語の日本語の基礎もできあがってきており、外国語での読み書きの開始時期としては好ましいタイミングだと考えられる。

日本の現行の「外国語活動」では、書きことばの指導は原則導入されていない。しかし、小学校高学年になると、認知発達上も音声だけに頼った外国語学習をむしろ苦手とする児童が増えてくることがわかっている。子どもたち自身が、文字を学びたがっているのだ。

小学校での文字指導に慎重な意見の中には、文字を導入すると英語嫌いが増えるからという考えもあるようだ。確かに、読み書きの指導のやり方によっては、英語を難しく感じたりやる気をそがれたりするという実証報告はある。しかし、英語嫌いになる要因は、読み書きだけではない。英語が聞き取れない、しゃべることができないといった、音声習得に関するストレスも要因になりうる。児童の認知レベルに合わない幼児向けのゲームの繰り返しなども、子どもの英語への興味をそぐ要因になる。

高学年で始めたいのが、英語の音と綴りとの関係を整理するフォニックスという指導だ。フォニックスにはさまざまなアプローチがあるが、例えば、book は最初の文字 b が一時的に息を止めて出す子音/b/で、次の oo が口を突き出して出す/u/、最後の k は/k/というふうに、単語を分割して音との関係性を示してあげる指導法がよく使われている。小学校段階では比較的単純なものから少しずつ導入し、中学生になってから本格的に行うのがよいだろう。フォニックス指導は、ある程度、音声言語の蓄積があった方が、効果的だからだ。第6章でみたように、英語の音素を書きことばの基本単位としてもたない日本語を母語としている日本人学習者が、英語の音韻処理がスムーズに行えるようになるためには、フォニックスの指導はとても重要だ。

テクストについて語る力

昨今のオーラル・コミュニケーション能力重視の陰でともするとおろそかにされがちだが、英語での読み書き能力は、ますますその重要性を増している。インターネットや電子メールで使われる言語は年々多様化しているが、圧倒的な量が依然英語を媒介として行われている。そのほか書きことばによるコミュニケーションの形態やジャンルは多岐にわたり、また常に変化し、多様化している。

ワラスは、学校で導入すべきことは、いま目の前にある多様化への対応ではなく、将来の多様化に対応できるための普遍的な言語能力であると主張している。学校教育では、長期的な視点で、応用範囲の広いテクストを使い、最終的に母語話者および非母語話者が、フォーマルな場で使う英語の書きことばを批判的に読み込み、それについて話し合う能力（これをワラスは「テクストについて語る力（global literate talk）」と呼んでいる）の習得をめざす指導を行うべきだという。

ワラスの主張は第二言語環境を前提としており、そのままでは日本の英語教育に当てはまらない部分もある。インプットの蓄積が不十分な外国語環境で、もし言語的にも認知的にも難しいテクストを導入したら、多くの学習者は授業を楽しめなくなってしまうだろう。

しかし、彼の議論の根底を貫く考えは、日本で英語を学ぶ際にも重要なポイントを突いていると思われる。

中等教育までの読み書き指導

もし、ワラスのいう「テクストについて語る力」の習得を大学卒業時までに身につけるという目標を設定するとしたら、中等教育までの英語教育はどのようにすべきだろうか。

アンスウォースは、読み書き(リテラシー)について三つの側面を挙げて論じている。詳細は割愛するが、この三つの側面はそれぞれ、日常の基本的な読み書き、学校などで行われる読み書き、そして社会実践として批判的・分析的に行う読み書きに相当すると考えられる。このうちの三番目は、ワラスの主張する「テクストについて語る力」にもとづくリテラシー実践と考えてよいだろう。つまり、さまざまな立場や視点にもとづいて、テクストを読んだり、書いたりする実践を指す。例えば、拒食症について書かれたテクストを読むときに、その背景にある「痩せていることが美しい」といったような価値観が潜んでいることを見抜き、その価値観に対して自分の考えをもてるというようなことである。

「テクストについて語る力」を習得するために、筆者は、中等教育までの英語の授業では、アンスウォースの最初の二つのリテラシー教育を徹底的に行うのがよいと考える。具体的には、音韻意識、正書法、語彙、文法、語用などの知識を養い、テクストの意味を構築する実践だ。

そして、国語や他の教科の中で「テクストについて語る力」を養成しながら、英語の授業では、折に触れて少しずつめざしていくのがよいと考える。しかし、英語のテクストの中のどのような語彙、表現、構造が、作者の主義・意図を反映しているのかは、英語の授業の中で学んでいくしかない。そして、生徒の英語の習熟度が上がっていくにしたがって、英語のテクストについて語る練習を徐々に増やしていければよいと思う。

内容ベースの指導法

大学レベルでは、教科内容の指導を英語で行う指導法(内容ベースの教授法)を、一つの選択肢として導入してもいいだろう。「テクストについて語る力」の習得には、英語をコンテクストの中で勉強することが不可欠だからだ。すでに教養科目や専門科目の一部または全部を英語で行っている大学も、日本を含め増えてきている。

ただし、英語で授業を行うこと自体が目的化してしまっては意味がない。教科科目の内容の習得と、英語のリテラシー教育をめざす綿密なカリキュラムを作る必要がある。授業を英語で行うということは、日本語をおろそかにしてもよいということではない。日本語と英語で(または他の複数の言語で)、テクストについて語る力を養成するための、一つの指導戦略としてとらえるべきである。そのような戦略がなければ、やる意味がない。

内容ベースの指導法は、近年、初等・中等教育でも注目を集め、導入する国や地域が増えてきた。しかし、この段階での導入は慎重にすべきである。

ヨーロッパでは、内容ベースの指導のアプローチは、CLIL(Content and Language Integrated Learning)といわれて広がりをみせており、効果が上がっているとの報告も多い。しかし、CLILがそのまま日本でもうまくいくとはかぎらない。

ヨーロッパでは、テレビで英語の番組が数多く放映されているなど、すでに家庭や地域でかなり英語が浸透しており、また母語と英語との距離が比較的近い。つまり、英語リテラシーの基礎がある程度構築されている。さらに教員が、教科内容を外国語で指導するための特別な指導スキルと、十分な語学力を身につけていることが前提となっている。CLILの成功はこうした土台があってこそと考えられる。そうした土台がない中での内容ベースの指導の導入が、どれほど効果的かは疑問である。

中国でも韓国でも、裕福なエリート層を中心に、イマージョン・プログラム(教科を外国語で指導するという点から、一種の内容ベースの指導法といえる)は大人気だ。しかし、その「成功」のほどがはたしてどの程度一般化できるのかたいへん疑問である。日本よりずっと英語の浸透度が高いマレーシアでさえ、二〇〇三年に初等・中等教育で数学・科学を英語で教えることに踏み切ったものの、わずか六年後に、また母語で教えることに方針を戻した。結局、英語で教えることによって数学・科学の理解が不十分になるなど、デメリットの方が大きかったのである。

3　誰が指導するのか

早期英語教育には潜在的なメリットがたくさんある。しかし、その一方で、いくつかの重大な課題もある。もろ手を挙げて早期英語教育を推進する前に、ぜひ慎重に考えたい問題だ。ここでは指導者と格差の二つの問題に絞って考えていきたい。

必要な資質とは

早期英語教育でインプットの質と量、そして児童の動機づけが大切となると、要になるのは、指導を担う教員である。子どもに英語を指導する教員には、どのような資質が必要なのだろうか。

まず英語力が必要なことは確かだが、いったいどれくらいの英語力が必要かに関しては、日本に先駆けて小学校で英語教育を導入している国々の間でも共通認識があるわけではない。

ヨーロッパの一部の国では、小学校の英語教員にとっての最低基準を、ヨーロッパ言語共通参照枠（Common European Framework of Reference for Languages, CEFR）という習熟度のガイドラインに照らし合わせて公表している場合もあるが、CEFR上の規定をしていない国の方が多い。CEFRは大きくA（基礎段階の言語使用者）、B（自立した言語使用者）、C（熟達した言語使用者）に分けられ、それぞれがさらに二つのレベルに分けられる。イタリア、ポーランドはB2レベルを小学校英語教員の基準としているが、これは日本の英検の準一級合格程度だといわれている。

ただ、共通認識はないものの、小学校で教える英語は導入レベルなのだから、それほど高い英語力は必要ないと考えるのは、間違いだろう。むしろ、年少の学習初心者の指導者にこそ高い英語力が必要だと主張する研究者もいる。ネイティブ・スピーカーとのチーム・ティーチングを行うのであれば、十分な打ち合わせができるだけの英語力が必要だ。香港では、小学校から大学までの英語教師にLPATEというテストを課しているが、小学校の教師の合格ラインが低く設定されているわけではない。

子どもに外国語の指導を行うには、中学・高校生や成人とはまた異なった方法が必要だと予想できる。中学・高校のベテラン英語教師が、小学校でも最良の指導者になれるとはかぎらない。英語力のほか、親しみやすい性格、協調性、柔軟性なども、年少の学習者への指導にはとても大きな要因になってくる。教室運営の技術や、最近では情報機器を使いこなすスキルも大切だ。

すべての教員に研修を

こうした資質の養成のためには、徹底的な教員養成が不可欠だ。日本と同様に小学校で学級担任制が導入されている韓国では、一九九七年に英語が小学校で導入されたときには、英語に自信がないと答える学級担任が大多数で「ほとんどパニック状態だった」と形容する韓国の研究者もいたほどである。

韓国教育人的資源部(日本の文部科学省にあたる)は、すべての教員を対象に、最低一二〇時間の基礎研修を義務づけた。さらに、一部の教師(当初は各学校に一名程度)には加えて一二〇時間の深化研修を行った。基礎研修は、基礎的な英語力を高めることに主眼がおかれ、研修時間のほぼ七割がネイティブ・スピーカーによる少人数の会話レッスンに充てられた。残りの三割は、韓国人の指導者による英語教授法などの研修であった。

その後も、李明博前大統領は英語教育の強化を前面に出し、教員研修にも非常に力を注いだ。

韓国政府は二〇〇八年から二〇一二年の間に、四兆ウォン（当時のレートで日本円にして三一〇〇億円）という膨大な予算を英語教育（小学校から大学まで）につぎ込む計画を発表し、毎年三〇〇〇人にも及ぶ英語教師に国内外の長期研修の機会を与えたり、教員養成大学のプログラム充実を図った。もちろんこの膨大な予算がすべて小学校の英語教育に充てられたわけでなく、また実際に使われた総額も定かではないが、その徹底ぶりは確かに目を見張るものがあった。

その結果、韓国の小学校の英語担当教員の英語力は、筆者の感触では、この一〇年あまりで格段に向上したと思う。筆者は二〇〇〇年代初めごろから、韓国のいくつかの市や大学で、小学校の教員を対象に研修をさせていただく機会を得てきたが、初期のころにはすべて英語で行うワークショップは無理だということで、韓国語の通訳をつけてもらったり、資料なども英語から韓国語に訳してもらったものを配付していた。いまでは、その必要はまったくない。

学級担任制を導入してきた日本は、英語の専科と学級担任のどちらが英語の指導に当たるかが、政策上の大きな課題になっている。

筆者は個人的には、学級担任が中心となって指導を行えるのであれば理想的だと考えている。専科制は、専門性を高めることができるという大きなメリットがある反面、受け持つ児童の数が多くなるので、一人一人の児童の学習上や家庭上の問題などを細かく把握することがなかなかできないという難しさがある。子どもの方でも、学級担任と比べると、専科教員には心理的距離があいてしまいやすい。もし専科制を追求するなら、教員免許上、専科にもなれる、学級担任にもなれるという柔軟な形態が望ましいと思う。韓国ではこのタイプの教員が少なくない。学級担任を任された年度は、個々の子どもに寄り添った指導をする。専科の教員を任された年は、高学年を中心に指導をしたり、レッスンプランや教材開発にリーダーシップを発揮したり、中学との橋渡しなどに尽力するなど、英語の専門家として活躍してもらう。

いずれにせよ教員が英語指導を自信をもって行えるようになるには、韓国が行ったようなすべての教員を対象とした、徹底的な教員研修が不可欠である。子どもは、教師の英語への自信のなさを敏感に感じ取ることが実証的にも報告されている。早期英語教育を実のあるものとするには、教員への十分な投資が絶対不可欠である。

ネイティブ・スピーカーの位置づけ

小学校の英語教育ではネイティブ・スピーカーが指導すべきではないか、という意見は、保護者を中心に根強い。

ネイティブ・スピーカーの存在は、子どものやる気を高めるという点では、非常に貴重である。子どもたちの異文化や国際理解にも、大きな貢献をしていることは間違いない。しかし、ネイティブ・スピーカーに依存しすぎる教育政策は不安定なばかりか、実証研究によれば、言語習得上の効果は一般に期待されているほどは大きくないようだ。

まず、候補となるネイティブ・スピーカーは、言語指導経験の少ない（またはまったくない）人たちが多いのが現状である。言語を母語として話すことと、その言語の指導ができることとは別の問題である。その上、長期にわたって滞在し、その国の英語教育に従事しようというネイティブ・スピーカーの割合は、どこの国でも少ない。せっかく慣れてきたと思ったら、帰国されてしまい、また新人を初めから教育し直さなくてはいけないということが少なくない。

ネイティブ・スピーカーの教師からは、より多くのインプットが得られそうな期待があるが、それもケース・バイ・ケースのようだ。ネイティブ・スピーカーと非ネイティブ・スピーカーの英語教師が行った授業中の英語のインプット量を比較したある研究によると、それぞれのグループ内での差は大きいが、グループ間での差はなかったという。つまり、ネイティブ・スピーカーかどうかが問題なのではなく、個々の教師の資質の問題なのだともいえる。

発音に関しては、ラーソン＝ホールの研究（第6章）ですでにみたように、ネイティブ・スピーカーからインプットを受けたか否かによる音素識別能力の差は、学齢期以降に英語学習を始めた日本人の間にはみられなかった。

このように考えると、費用対効果の観点からも、ネイティブ・スピーカーの大量採用はどれほど得策か疑問だ。外国にまで来て英語教育に従事しようという意欲があり、子ども好きで教員経験もあるというような理想的なネイティブ・スピーカーは無尽蔵にいるわけではない。そうした限られた人材を巡って、各国が争奪戦を繰り広げているのである。

筆者は、ネイティブ・スピーカーの教師を排除するべきだといっているのではない。ただ、私たちは、ネイティブ・スピーカーから英語を学ぶという発想からそろそろ卒業するべきではないだろうか。ネイティブ・スピーカーは、学んだ英語を使ってみる相手として位置づけるべきではないかと思う。そういう位置づけなら、ネイティブ・スピーカーが実際に教室にいなくても、インターネットなどさまざまな情報機器を使ってコミュニケーションをすることも可能だ。

4　英語分断社会

東アジアでは、社会経済レベルによる「英語分断」と呼ばれる状況が深刻さを増し、早期英語教育の段階にまで浸透してきている。各国はその対策に頭を悩ませているが、問題は非常に複雑であり、よい解決策はいまだに見出されていない。

経済力による英語格差

東アジア諸国では、英語フィーバーともいわれる現象の中で、すでに保護者の社会経済ステータス(レベル)の違いによる英語へのアクセスの違いが大きな社会問題となっている。英語はとかくグローバル・エリートのイメージと重なる部分が大きいこともあり、保護者の社会経済レベルの違いが子どもの英語教育に一番大きく反映しているともいわれている。何度も述べたように、外国語環境ではインプットの質と量が英語力を左右する。裕福な保護者は、子どもを英語学習塾や会話塾に行かせたり、ネイティブの家庭教師を雇ったり、海外のサマーキャンプに参加させたりなど、さまざまなサポートを行ってインプットの量を増やすことができる。

筆者は数年前から中国での早期英語教育を調査している。中国では、従来、裕福な都市部と農村部での英語教育の質と量の大きなギャップが問題になってきた。さらに、ここ数年の急速な経済発展のため、同じ都市内でも、格差の広がりが著しい。

筆者が江蘇省のC市で行っている長期調査では、リスニングとリーディングについて、小学生のうちは保護者の社会経済レベルの違いによる差はみられなかったが、中学生になると差が顕著に表れた。スピーキングの方は、学習を始めて二年目の四年生の時点(C市では三年生から英語を導入している)で、すでに保護者の社会経済レベルによる差が出てしまい、学年が上がるにつれて、その差は広がっていった。

同様に、英語学習への動機づけも、社会経済レベルの低いグループは中学に入るころまでに下がっていく。学習者本人がもつ自らの英語学習能力への自信度も、保護者がもつ自分の子どもの能力への期待度も、社会経済レベルの低いグループでは同じように下がっていく。一方、社会経済レベルの高いグループは、中学へ入っても、自分の英語習得能力への自信も、保護者の期待も下がらない。保護者の社会経済レベルが子どもの英語習得に与える影響力は、学年が上がるにつれ、どんどん高まっていく。

英語力格差解消の難しさ

こうした格差の問題を深刻にとらえたC市では、社会経済格差による英語力格差を是正するための教育言語政策に二〇一二年より着手した。C市の格差是正の政策は、大きく三つに分けられる。

まず第一は、教師を定期的に違う学校に異動させる政策である。これは、私たち日本人にはなじみ深い。実はC市は、日本からヒントを得てこの政策に踏み切った。C市を含め一般に中国の都市では、同じ公立学校でも、教育レベルや教員の質に大きな違いがある。そこで今回の改革では、一つの学校に六年勤務した教員を異動の対象としたのである。

第二の政策は、公立学校教師による週末無料指導サービスである。事前に登録している教師(いまのところは、有名校に勤務している教師が中心)が、市民センターなどの指定された場所で、市内の子どもたちにボランティアで補習をしてあげるというものである。その背景には、塾の費用の高騰がある。

第三の政策は、高校入試制度の改革の一つとして、有名高校では入学者の中に一定の枠を設け、社会経済レベルの低い地域にある中学の卒業生を受け入れるようにするというものだ。

こうしたC市での一連の改革に加え、省レベルでも同じ二〇一二年より、英語のカリキュラムの変更が行われた。この改訂で一番注目すべき点は、英語の学習内容を減らし、やさしくしたことである。この決定の背景には、教育の中で英語の占める割合があまりに大きくなり、数学や理科などの才能がほかにあっても、英語の成績が思わしくないがゆえによい上級学校に上がれず、才能を生かす機会を失ってしまうといった事態をできるだけ避けたいという思惑があった。その一方で、英語教育に力を入れたい学校には補助教材の使用を許すなど、各学校の自由裁量度を拡大している。これは個人のニーズにあった教育を行う狙いだというが、英語力格差を助長することにつながりかねない。

英語の負担を減らそうという動きは、江蘇省だけではない。大学入試における英語の割合を減らすという動きも、北京を始め、各地で出始めている。韓国でも同様の傾向が見られるようになってきた。英語の影響力があまりに大きくなり、児童生徒の負担やストレスが増大していることへの懸念が背景にある。

Ｃ市のケースをみてみると、英語力格差の解決がいかに難しいかがよくわかる。英語へのアクセスの均等を図ることで格差を縮めようとする一方で、教科書をやさしくして学校の自由裁量度を増やす政策は、格差の拡大を助長することにつながる。二つの相反する政策が、同居しているのである。

Enjoy English, Enjoy Life!

図７・１は、Ｃ市の社会経済レベルの低い地域にある小学校のスローガンである。特別にきれいに整備された英語教室にかかっているスローガンは、Enjoy English, Enjoy Life と読める。

図 7.1　中国江蘇省 C 市内の L 小学校の教室に掲げられたスローガン“Enjoy English, Enjoy Life”（筆者撮影）

これを文字どおりに解釈すると「英語を楽しんで、人生を楽しもう」となるだろう。

しかし、これが貧しい地域にあり、英語学習へのサポートが十分に受けられない児童たちのスローガンであることを考えると、複雑な背景が浮き彫りになってくる。この学校の児童にとって、英語を学ぶことが、本当に幸福な人生への切符になっているのだろうか。少なくとも、そこに彼らの意思が介在する余地はない。

C 市教育委員会の職員は、筆者に「英語が苦手な子どもには、英語の負担を減らしてあげることが大切だ」と言っていた。もしそうだとするならば、このスローガンが本当に言いたいことは、こうではないのか。

「あなたたちは、英語にとりつかれるのはやめなさい。適度に楽しめばいいのです。そうすれば、人生を楽しめるんだから。」

早期英語教育の導入にあたっては、児童の社会経済レベルへの配慮が不可欠である。

おわりに

ここ一五年ほど、東アジア諸国を中心に、子どもたちの第二言語習得や外国語習得を研究してきたが、子どもへの過剰な期待が子どもたちを苦しめていることに疑問をもち続けてきた。はじめにでも触れたように、子どもは語学学習の天才であるかのような思い込みは、保護者はもちろんのこと、一部の教育関係者や政策立案者の間でも根強い。そこで、外国語の習得について、科学的に何がわかっていて何が憶測なのかを、一度きちんと整理してみたいと思ったのが、この本を執筆することになった直接の動機である。実証研究の結果を整理した上で、何が現実的な期待であり、どのような形で早期外国語学習を導入してあげることが子どもたちにとってよいのかを考えてみたかったからである。

年齢と言語習得との関係は複雑であり、いまだに不明確な部分はたくさんある。本書では、先行研究が示す思考のプロセスをたどることを一つの大きな目的としている。プロセスをたどる中で浮上してくる問題点をきちんと把握しておかないと、短絡的な結論に誤って飛びつくことにもなりかねない。

さらに本書では、実証研究で現在わかっていることにもとづいて、効果的な早期外国語教育政策を導入するにはどうしたらいいのかを考えることも目的としている。小学校から外国語学習を始めるメリットは多い。しかし、言語政策となると、言語的・認知的な要因だけにとどまらず、さまざまな社会的・制度的な要因も考慮しなくてはならない。

外国語環境では、良質のインプットをどれだけ得られたかが習得度を左右することは、すでに本書でみてきたとおりである。そのため、指導者の資質や、学校外での学習が英語習得に大きな影響を与えてしまうことになる。その結果、保護者の社会経済レベルによる英語力格差の問題を真剣にとらえなくてはならないという現実に直面する。社会経済レベルの低い家庭環境に置かれている児童へのサポートをどのように行うべきなのかに関しても、もっと活発な議論が行われることを期待したい。

この本の執筆に当たり、いろいろな方にお世話になった。まず、編集の千葉克彦氏に感謝したい。千葉氏が丁寧に原稿に手を加えてくださったおかげで、原稿がずっと読みやすくなった。本書の出版に助言をくださった白井恭弘先生にもお礼を申し上げたい。白井先生の助言がなかったら、本書は存在していなかっただろう。また、いつも執筆を励ましてくれたパートナーのドナルド・バトラーにも感謝したい。
最後に、筆者に最初の言語を与えてくれた母に本書を捧げたいと思う。

岩波新書新赤版一〇〇〇点に際して

ひとつの時代が終わったと言われて久しい。だが、その先にいかなる時代を展望するのか、私たちはその輪郭すら描きえていない。二〇世紀から持ち越した課題の多くは、未だ解決の緒を見つけることのできないままであり、二一世紀が新たに招きよせた問題も少なくない。グローバル資本主義の浸透、憎悪の連鎖、暴力の応酬――世界は混沌として深い不安の只中にある。

現代社会においては変化が常態となり、速さと新しさに絶対的な価値が与えられた。消費社会の深化と情報技術の革命は、種々の境界を無くし、人々の生活やコミュニケーションの様式を根底から変容させてきた。ライフスタイルは多様化し、一面では個人の生き方をそれぞれが選びとる時代が始まっている。同時に、新たな格差が生まれ、様々な次元での亀裂や分断が深まっている。社会や歴史に対する意識が揺らぎ、普遍的な理念に対する根本的な懐疑や、現実を変えることへの無力感がひそかに根を張りつつある。そして生きることに誰もが困難を覚える時代が到来している。

しかし、日常生活のそれぞれの場で、自由と民主主義を獲得し実践することを通じて、私たち自身がそうした閉塞を乗り超え、希望の時代の幕開けを告げてゆくことは不可能ではあるまい。そのために、いま求められていること――それは、個と個の間で開かれた対話を積み重ねながら、人間らしく生きることの条件について一人ひとりが粘り強く思考することではないか。その営みの糧となるものが、教養に外ならないと私たちは考える。歴史とは何か、よく生きるとはいかなることか、世界そして人間はどこへ向かうべきなのか――こうした根源的な問いとの格闘が、文化と知の厚みを作り出し、個人と社会を支える基盤としての教養となった。まさにそのような教養への道案内こそ、岩波新書が創刊以来、追求してきたことである。

岩波新書は、日中戦争下の一九三八年一一月に赤版として創刊された。創刊の辞は、道義の精神に則らない日本の行動を憂慮し、批判的精神と良心的行動の欠如を戒めつつ、現代人の現代的教養を刊行の目的とする、と謳っている。以後、青版、黄版、新赤版と装いを改めながら、合計二五〇〇点余りを世に問うてきた。そして、いままた新赤版が一〇〇〇点を迎えたのを機に、人間の理性と良心への信頼を再確認し、それに裏打ちされた文化を培っていく決意を込めて、新しい装丁のもとに再出発したいと思う。一冊一冊から吹き出す新風が一人でも多くの読者の許に届くこと、そして希望ある時代への想像力を豊かにかき立てることを切に願う。

（二〇〇六年四月）

バトラー後藤裕子

東京都出身．東京大学文学部卒業，スタンフォード大学 Ph.D.(教育心理学)
現在，ペンシルバニア大学教育大学院言語教育学部教授，同大学 TESOL(Teaching English to Speakers of Other Languages)プログラム・ディレクター
専攻―子どもの第二言語・外国語習得および言語教育，バイリンガル習得，言語アセスメント
著書―『日本の小学校英語を考える』『学習言語とは何か―教科学習に必要な言語能力』三省堂，*Globalization, Changing Demographics, and Educational Challenges in East Asia*(共編著)，Emerald

英語学習は早いほど良いのか　岩波新書(新赤版)1559

2015年8月20日　第1刷発行
2023年8月4日　第2刷発行

著　者　バトラー後《ご》藤《とう》裕《ゆう》子《こ》

発行者　坂本政謙

発行所　株式会社 岩波書店
〒101-8002 東京都千代田区一ツ橋 2-5-5
案内 03-5210-4000　販売部 03-5210-4111
https://www.iwanami.co.jp/

新書編集部 03-5210-4054
https://www.iwanami.co.jp/sin/

印刷・精興社　カバー・半七印刷　製本・中永製本

ISBN 978-4-00-431559-9　Printed in Japan

参考文献

第1章

バトラー後藤裕子(2005).『日本の小学校英語を考える —— アジアの視点からの検証と提言』三省堂.

Fox, M. W.(1971). Overview and critique of stages and periods in canine development. *Developmental Psychobiology, 4*(1), 37–54.

Hakuta, K.(2001). A critical period for second language acquisition? In D. Bailey, J. Bruer, F. Symons, & J. Lichtman(Eds.), *Critical thinking about critical periods*(pp. 193–205). Baltimore, MD: Paul H. Brookes.

Hess, E. H.(1958). "Imprinting" in animals. *Scientific American, 198*(3), 81–90. Reprint retrieved August 5, 2014, from http://www.columbia.edu/cu/psychology/terrace/w1001/readings/hess.pdf

Hymes, D. H.(1972). On communicative competence. In J. B. Pride, & J. Holmes(Eds.), *Sociolinguistics: Selected readings*(pp. 269–293). Harmondsworth, Middlesex: Penguin.

Johnson, J. S., & Newport, E. L.(1989). Critical period effects in second language learning: The influence of maturational state on the acquisition of English as a second language. *Cognitive Psychology, 21*(1), 60–99.

Lenneberg, E. H.(1967). *Biological foundations of language.* New York: Wiley & Sons.

McNamara, T.(1996). *Measuring second language performance.* London: Longman.

Penfield, W., & Roberts, L.(1959). *Speech and brain mechanisms.* New York: Athenaeum.

第2章

正高信男(1993).『0歳児がことばを獲得するとき —— 行動学か

らのアプローチ』中公新書.

Bates, E., Dale, P. S., & Thai, D. (1995). Individual differences and their implications for language development. In P. Fletcher, & B. MacWhinney (Eds.), *The Handbook of child language* (pp. 91–151). Oxford: Basil Blackwell.

Biemiller, A. (1999). *Language and reading success*. Cambridge, MA: Brookline Books.

Biemiller, A. (2001). Teaching vocabulary: Early, direct, and sequential. *American Educator*. Retrieved March 31, 2009, from http://www.fcoe.net/ela/pdf/Vocabulary/Biemiller%20vocab%20%20doc.pdf

Curtiss, S., Fromkin, V., Krashen, S., Rigler, D., & Rigler, M. (1974). The linguistic development of Genie. *Language, 50* (3), 528–554.

Emmorey, K., Bellugi, U., Friederici, A., & Horn, P. (1995). Effects of age of acquisition on grammatical sensitivity: Evidence from on-line and off-line tasks. *Applied Psycholinguistics, 16* (1), 1–23.

Kuhl, P. K. (1993). Early linguistic experience and phonetic perception: Implications for theories of developmental speech perception. *Journal of Phonetics, 21* (1–2), 125–139.

Kuhl, P. K., & Rivera-Gaxiola, M. (2008). Neural substrates of language acquisition. *Annual Review of Neuroscience, 31*, 511–534.

Loveday, L. (1981). Pitch politeness and sexual role: An exploratory investigation into the pitch correlates of English and Japanese politeness formulae. *Language and Speech, 24* (1), 71–89.

Mehler, J., & Dupoux, E. (1994). *What infants know: The new cognitive science of early development* (P. Southgate, Trans.). Cambridge, MA: Blackwell.

Newport, E. L. (1990). Maturational constraints on language learning. *Cognitive Science, 14* (1), 11–28.

van Bezooijen, R. (1995). Sociocultural aspects of pitch differences between Japanese and Dutch women. *Language and Speech, 38*

(3), 253–265.

Werker, J. F. (1989). Becoming a native listener. *American Scientist, 77*, 54–59.

第 3 章

片岡裕子，越山泰子，柴田節枝(2008).「アメリカの補習授業校で学ぶ子どもたちの英語と日本語の力」佐藤郡衛，片岡裕子編『アメリカで育つ日本の子どもたち』(pp. 117–142)，明石書店.

李美靜(2006).『中日二言語のバイリンガリズム』風間書房.

Abrahamsson, N. (2012). Age of onset and nativelike L2 ultimate attainment of morphosyntactic and phonetic intuition. *Studies in Second Language Acquisition, 34*(2), 187–214.

Abrahamsson, N., & Hyltenstam, K. (2009). Age of onset and nativelikeness in a second language. *Language Learning, 59*(2), 249–306.

Flege, J. E. (1995). Second-language speech learning: Theory, findings, and problems. In W. Strange (Ed.), *Speech perception and linguistic experience: Issues in cross-language research* (pp. 233–277). Timonium, MD: York press.

Flege, J. E., Munro, M., & MacKay, I. (1995). Factors affecting degree of perceived foreign accent in a second language. *Journal of Acoustical Society of America, 97*(5), 3125–3134.

Granena, G., & Long, M. (2012). Age of onset, length of residence language aptitude, and ultimate L2 attainment in three linguistic domains. *Second Language Research, 29*(3), 311–343.

Huang, B. H., & Jun, S. (2011). The effect of age on the acquisition of second language prosody. *Language and Speech, 54*(3), 387–414.

Johnson, J. S., & Newport, E. L. (1989). ibid.

MacWhinney, B. (1997). Second language acquisition and the competition model. In A. M. B. de Groot, & J. F. Kroll (Eds.), *Tutorials*

in bilingualism: Psycholinguistic perspectives (pp. 113–142). Mahwah, NJ: Lawrence Erlbaum Associates.

Morgan-Short, K., & Ullman, M. T. (2012). The neurocognition of second language. In S. M. Gass, & A. Macky (Eds.), *The Routledge handbook of second language acquisition* (pp. 282–299). London: Routledge.

Oyama, S. (1976). A sensitive period for the acquisition of a nonnative phonological system. *Journal of Psycholinguistic Research, 5* (3), 261–283.

Pallier, C., Bosch, L., & Sebastián-Gallés, N. (1997). A limit on behavioral plasticity in speech perception. *Cognition, 64,* B9–B17.

Steinhauer, K., White, E. J., & Drury, J. E. (2009). Temporal dynamics of late second language acquisition: Evidence from event-related brain potentials. *Second Language Research, 25* (1), 13–41.

Weber-Fox, C. M., & Neville, H. J. (1996). Maturational constraints on functional specializations for language processing: ERP and behavioral evidence in bilingual speakers. *Journal of Cognitive Neuroscience, 8* (3), 231–256.

Weber-Fox, C. M., & Neville, H. J. (2001). Sensitive periods differentiate processing of open- and closed-class words: An ERP study of bilinguals. *Journal of Speech, Language, and Hearing Research, 44* (6), 1338–1353.

第 4 章

Bialystok, E., & Hakuta, K. (1994). *In other words: The science and psychology of second-language acquisition*. New York: Basic Books.

Birdsong, D. (2006). Age and second language acquisition and processing: A selective overview. *Language Learning, 56* (1), 9–49.

Birdsong, D., & Molis, M. (2001). On the evidence for maturational constraints in second-language acquisition. *Journal of Memory and Language, 44* (2), 235–249.

Bongaerts, T., Mennen, S., & van der Slik, F. (2000). Authenticity of pronunciation in naturalistic second language acquisition: The case of very advanced late learners of Dutch as a second language. *Studia Linguistica, 54*(2), 298–308.

Cook, V. J. (1992). Evidence for multicompetence. *Language Learning, 42*(4), 557–591.

De Angelis, G. (2007). *Third or additional language acquisition*. Clevedon: Multilingual Matters.

Flege, J. E. (2009). Give input a chance! In T. Piske, & M. Young-Scholten (Eds.), *Input matters in SLA* (pp. 175–190). Bristol: Multilingual Matters.

Flege, J. E., Frieda, E. M., & Nozawa, T. (1997). Amount of native-language (L1) use affects the pronunciation of an L2. *Journal of Phonetics, 25*(2), 169–186.

Flege, J. E., & Liu, S. (2001). The effect of experience on adults' acquisition of a second language. *Studies in Second Language Acquisition, 23*(4), 527–552.

Grosjean, F. (1998). Studying bilinguals: Methodological and conceptual issues. *Bilingualism: Language and Cognition, 1*(2), 131–149.

Huang, B. H., & Jun, S.-A. (2015). Age matters, and so may raters: Rater differences in the assessment of foreign accents. *Studies in Second Language Acquisition*. doi: 10.1017/S0272263114000576

Larson-Hall, J. (2006). What does more time buy you? Another look at the effects of long-term residence on production accuracy of English /ɹ/ and /l/ by Japanese speakers. *Language and Speech, 49*(4), 521–548.

Moyer, A. (2007). Empirical considerations on the age factor in L2 phonology. *Issues in Applied Linguistics, 15*(2), 109–127.

Moyer, A. (2009). Input as a critical means to an end: Quantity and quality of experience in L2 phonological attainment. In T. Piske, & M. Young-Scholten (Eds.), *Input matters in SLA* (pp. 159–174).

Bristol: Multilingual Matters.

Nishikawa, T. (2014). Nonnativeness in near-native child L2 starters of Japanese: Age and the acquisition of relative clauses. *Applied Linguistics, 35*(4), 504–529.

Saito, K., & Brajot, F. (2013). Scrutinizing the role of length of residence and age of acquisition in the interlanguage pronunciation development of English /ɹ/ by later Japanese bilinguals. *Bilingualism: Language and Cognition, 16*(4), 847–863.

Singleton, D. (2003). Critical period or general age factor(s)? In M. García Mayo, & M. García Lecumberri (Eds.), *Age and the acquisition of English as a foreign language* (pp. 3–22). Clevedon: Multilingual Matters.

Singleton, D., & Muñoz, C. (2011). Around and beyond the critical period hypothesis. In E. Hinkel (Ed.), *Handbook of research in second language teaching and learning: Vol. II* (pp. 407–415). New York: Routledge.

Stevens, G. (2006). The age-length-onset problem in research on second language acquisition among immigrants. *Language Learning, 56*(4), 671–692.

第5章

Birdsong, D. (1999). Introduction: Whys and why nots of the critical period hypothesis for second language acquisition. In D. Birdsong (Ed.), *Second language acquisition and the critical period hypothesis* (pp. 1–22). Mahwah, NJ: Lawrence Erlbaum.

Hulstijn, J. H. (2011). Language proficiency in native and nonnative speakers: An agenda for research and suggestions for second-language assessment. *Language Assessment Quarterly, 8*(3), 229–249.

Ioup, G., Boustagui, E., Tigi, M. E., & Moselle, M. (1994). Reexamining the critical period hypothesis: A case study of successful adult

SLA in a naturalistic environment. *Studies in Second Language Acquisition, 16*(1), 73–98.
Kinsella, C., & Singleton, D.(2014). Much more than age. *Applied Linguistics, 35*(4), 441–462.
Major, R.(1993). Sociolinguistic factors in loss and acquisition of phonology. In K. Hyltenstam, & Å. Viberg(Eds.), *Progression and regression in language: Sociocultural, neuropsychological, and linguistic perspectives*(pp. 463–478). Cambridge: Cambridge University Press.
Moyer, A.(2004). *Age, accent and experience in second language acquisition: An integrated approach to critical period inquiry.* Clevedon: Multilingual Matters.
Moyer, A.(2014). Exceptional outcomes in L2 phonology: The critical factors of learner engagement and self-regulation. *Applied Linguistics, 35*(4), 418–440.
Muñoz, C., & Singleton, D.(2007). Foreign accent in advanced learners: Two successful profiles. In L. Roberts, A. Gürel, S. Tatar, & L. Marti(Eds.), *EUROSLA Yearbook: Vol. 7*(pp. 171–190). Amsterdam: John Benjamins.
Nikolov, M.(2000). The critical period hypothesis reconsidered: Successful adult learners of Hungarian and English. *International Review of Applied Linguistics in Language Teaching, 38*(2), 109–124.
Ortega, L.(2009). *Understanding second language acquisition.* London: Hodder Education.
Robinson, P. (2002). Learning conditions, aptitude complexes and SLA: A framework for research and epdagogy. In P. Robinson (Ed.), *Individual differences and instructed language learning* (pp. 113–133). Amsterdam: John Benjamins.
Selinker, L.(1972). International. *International Review of Applied Linguistics in Language Teaching, 10*(1–4), 209–231.

Uylings, H. B. M. (2006). Development of the human cortex and the concept of "critical" or "sensitive" periods. In M. Gullberg, & P. Indefrey (Eds.), *The cognitive neuroscience of second language acquisition* (pp. 59–90). Malden, MA: Blackwell.

第 6 章

中島和子(2001).『バイリンガル教育の方法 ── 12 歳までに親と教師ができること』アルク.

原田哲男(2011).「早期外国語教育は音声習得に何をもたらすのか ── イマージョン教育からの示唆」『早稲田教育評論』第 25 巻第 1 号, 1–14.

Bialystok, E. (2002). Acquisition of literacy in bilingual children: A framework for research. *Language Learning, 52* (1), 159–199.

Bialystok, E., Majumder, S., & Martin, M. (2003). Developing phonological awareness: Is there a bilingual advantage? *Applied Psycholinguistics, 24* (1), 27–44.

Butler, Y. G., & Takeuchi, A. (2008). Variables that influence elementary school students' English performance in Japan. *Journal of Asia TEFL, 5* (1), 61–91.

Carless, D., & Lam, R. (2014). The examined life: Perspectives of lower primary school students in Hong Kong. *Education 3–13, 42* (3), 313–329.

García Mayo, M. P., & García Lecumberri, M. L. (Eds.). (2003). *Age and the acquisition of English as a foreign language.* Clevedon: Multilingual Matters.

Harada, T. (2006). The acquisition of single and geminate stops by English-speaking children in a Japanese immersion program. *Studies in Second Language Acquisition, 28* (4), 601–632.

Hidaka, S., Shibata, H., Kurihara, M., Tanaka, A., Konno, A., Maruyama, S., Gyoba, J., Hagiwara, H., & Koizumi, M. (2012). Effect of second language exposure on brain activity for language

processing among preschoolers. *Neuroscience Research, 73*(1), 73–79.

Holm, A., & Dodd, B. (1996). The effect of first written language on the acquisition of English literacy. *Cognition, 59*(2), 119–147.

Larson-Hall, J. (2006). ibid.

Mihaljević Djigunović, J. (2009). Individual differences in early language programmes. In M. Nikolov (Ed.), *The age factor and early language learning. SOLA studies on language acquisition 40* (pp. 199–225). Berlin: Mouton de Gruyter.

Muñoz, C. (Ed.). (2006). *Age and the rate of foreign language learning*. Clevedon: Multilingual Matters.

Muñoz, C. (2014). Contrasting effects of starting age and input on the oral performance of foreign language learners. *Applied Linguistics, 35*(4), 463–482.

Murphy, V. A. (2014). *Second language learning in the early school years: Trends and contexts*. Oxford: Oxford University Press.

Ojima, S., Matsuba-Kurita, H., Nakamura, N., Hoshino, T., & Hagiwara, H. (2011). Age and amount of exposure to a foreign language during childhood: Behavioral and ERP data on the semantic comprehension of spoken English by Japanese children. *Neuroscience Research, 70*(2), 197–205.

Snow, C. E., & Hoefnagel-Höhle, M. (1978). The critical period for language acquisition: Evidence from second language learning. *Child Development, 49*(4), 1114–1128.

Swain, M. (1988). Manipulating and complementing content teaching to maximize second language learning. *TESL Canada Journal/Revue TESL du Canada, 6*(1), 68–83.

Takahashi, J., Suzuki, Y., Shibata, H., Fukumitsu, Y., Gyoba, J., Hagiwara, H., & Koizumi, M. (2011). Effects of non-native language exposure on the semantic processing of native language in preschool children. *Neuroscience Research, 69*(3), 246–251.

Tragant, E.(2006). Language learning motivation and age. In C. Muñoz(Ed.), *Age and the rate of foreign language learning*(pp. 237–276). Clevedon: Multilingual Matters.

第7章

アレン玉井光江(2013).「初期学習者を対象としたリテラシー教育」卯城祐司，アレン玉井光江，バトラー後藤裕子『リテラシーを育てる英語教育の創造』(pp. 69–124)，学文社.
寺沢拓敬(2014).『「なんで英語やるの？」の戦後史』研究社.
バトラー後藤裕子(2013).「グローバル社会における英語のリテラシー――日本の英語教育でめざしたいもの」卯城祐司，アレン玉井光江，バトラー後藤裕子『リテラシーを育てる英語教育の創造』(pp. 9–68)，学文社.
バトラー後藤裕子(2013).「特集・小学校英語を考える――東アジアの試みから見えてくるもの」『内外教育』Vol. 6295–6299(5回連載).
文部科学省「グローバル化に対応した英語教育改革実施計画」http://www.mext.go.jp/b_menu/houdou/25/12/1342458.htm (2015年2月1日にダウンロード)
Butler, Y. G.(2014). Socioeconomic disparities and early English education: A case in Changzhou, China. In N. Murray, & A. Scarino (Eds.), *Dynamic ecologies: A relational perspective on languages education in the Asia-Pacific region*(pp. 95–115). Dordrecht: Springer.
Butler, Y. G.(2014). Parental factors and early English education as a foreign language: A case study in Mainland China. *Research Papers in Education, 29*(4), 410–437.
Enever, J.(2014). Primary English teacher education in Europe. *ELT Journal, 68*(3), 231–242.
Llinares, A., Morton, T., & Whittaker, R.(2012). *The Roles of Language in CLIL.* Cambridge: Cambridge University Press.

Prensky, M. (2001). *Digital game-based learning.* New York: McGraw-Hill.

Unsworth, L. (2001). *Teaching multiliteracies across the curriculum.* Buckingham and Philadelphia: Open University Press.

Wallace, C. (2002). Local literacies and global literacy. In D. Block, & D. Cameron (Eds.), *Globalization and language teaching* (pp. 101–114). London: Routledge.